考える力を高める
キャリアデザイン入門

藤村博之 編

なぜ大学で学ぶのか

有斐閣

目　次

第1部　キャリアとカリキュラム

第**2**部　社会に生きる

第**3**章　社会を見る目を養う　　　34
新聞を読み比べる

◼️**ねらい**　34

第**4**章　労働の連鎖を追ってみる　　　48

◼️**ねらい**　48

第**5**章　アルバイトは就業経験になるのか　　61

第**3**部　キャリアを育む

第**6**章　働くことの意義　　76
身近な人に聞いてみる

第7章　やりがいはどこで生まれるのか　　91

■ **ねらい**　91

第4部 変化に挑む

執筆者紹介

■ **藤村 博之**（ふじむら・ひろゆき）　⟿ 編者，第1章・第2章・第10章・第13章・終章

法政大学大学院イノベーション・マネジメント研究科教授，博士（経済学）
1984年，名古屋大学大学院経済学研究科博士課程修了。京都大学経済研究所助手，
滋賀大学経済学部助教授・教授，法政大学経営学部教授を経て，2004年より現職。
主要著作 『新しい人事労務管理』（共著，有斐閣，初版：1999年，第6版：2019年），
『人材獲得競争——世界の頭脳をどう生かすか！』（共編，学生社，2010年），『もの
づくり中小企業の人材確保戦略——採用・定着のための人材マネジメント』（共著，
雇用開発センター，2008年）ほか

■ **徳山 誠**（とくやま・まこと）　⟿ 第9章・第11章・第12章

株式会社プレビス代表取締役，法政大学大学院職業能力開発研究所特任研究員
三菱自動車工業株式会社勤務を経て，現職。2010年，法政大学大学院イノベーショ
ン・マネジメント研究科修了。2012年，千葉経済大学「キャリアデザイン」非常
勤講師；2014年，法政大学「キャリアカウンセリング論」客員教授；2014年〜，
立正大学「キャリア開発基礎講座」非常勤講師；2018年，法政大学「キャリアデ
ザイン入門」「キャリアデザイン応用」非常勤講師。

■ **斎藤 貴久**（さいとう・たかひさ）　⟿ 第3章・第5章・第7章

斉藤社会保険労務士事務所代表，法政大学大学院職業能力開発研究所特任研究員，
人事コンサルタント，特定社会保険労務士
伊藤忠人事サービス株式会社勤務を経て，現職。2002年，法政大学大学院社会科学
研究科修士課程修了。2018年，法政大学「キャリアデザイン入門」非常勤講師；
2021年〜，神奈川大学「キャリアデザイン」非常勤講師。

■ **齋藤 典子**（さいとう・のりこ）　⟿ 第4章・第6章・第8章

学校法人ミスパリ学園専門職大学設置準備室研究員，法政大学大学院職業能力開発
研究所特任研究員，人材開発協会認定キャリアカウンセラー
オリエンタルモーター株式会社勤務を経て，現職。1999年，法政大学大学院社会科
学研究科修士課程修了。2015年・2016年，白百合女子大学「キャリア研究」非常
勤講師；2018年，法政大学「キャリアデザイン入門」非常勤講師；2021年〜，神
奈川大学「キャリアデザイン」・千葉経済大学「キャリアデザイン」非常勤講師；
2022年〜，青森県立保健大学「キャリアデザイン」非常勤講師。

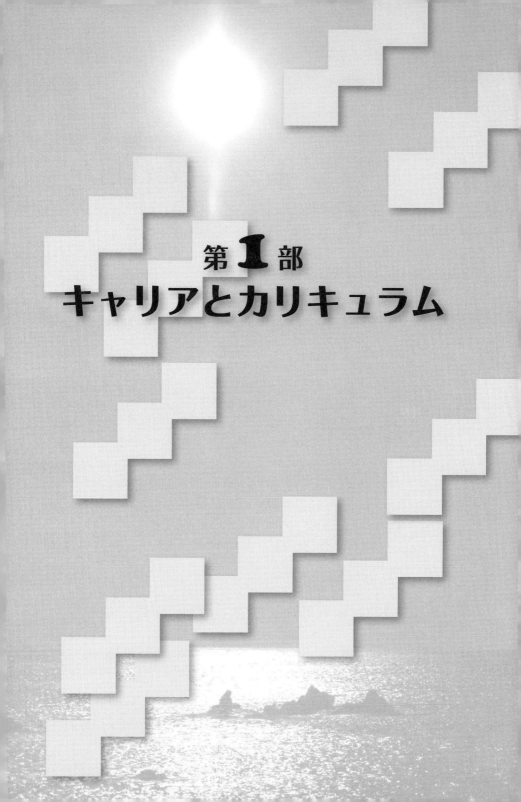

第1部
キャリアとカリキュラム

第**1**章
キャリアとは何か

ねらい

　最近，キャリアという言葉を耳にする機会が増えています。中学校や高校も
キャリア教育に取り組んでいます。小学校でキャリア教育を行っているところ
もあります。「キャリア教育って，知ってるよ」という人がいるかもしれませ
んが，みなさんが高校までに習ってきたキャリア教育と，この本で学ぶキャリ
ア教育は，ちょっと違います。最大の違いは，「自分で考えること」です。誰
かに何かを教えてもらうのではなく，自分の頭で考えることを求めるのが，大
学でのキャリア教育です。

　キャリア教育の内容が就職活動対策とほぼ同じという場合がありますが，こ
こでみなさんに学んでもらいたいのは，就職活動のためのノウハウではありま
せん。みなさんに身につけてもらいたいのは，生きる力です。

　みなさんの職業生活は約 50 年続きます。なぜならば，みなさんが 60 歳を
迎える 2060 年ごろには，70 歳まで働くことが当たり前になっているからで
す。22〜23 歳で大学を卒業して 70 歳までというと，ざっと 50 年です。50
年間，第一線で稼ぎ続けるのは並大抵ではありません。でも，基礎がしっかり
できていれば，そして健康を維持できていれば，70 歳はもとより 75 歳，場
合によっては 80 歳を超えて活躍することも可能です。第一線で働き続けるた
めの基礎体力をつくるのが大学教育です。

　この章では，第 1 節でキャリアとは何かを考えます。ライフキャリア，職
業キャリアなど，キャリアについては多くのことが語られています。私たちは，

これまで，外国語を日本語に翻訳して理解してきましたが，キャリアについては定番の日本語訳がなく，そのままカタカナで「キャリア」としています。なぜ日本語訳がないのか，キャリアとは何かについて説明します。

　第 2 節と第 3 節では，社会とのかかわりについて考えます。人間は社会的な動物だといわれます。私たちは，他者とのかかわりの中で生きています。自分は他の人たちとどのような関係を築けばいいのかという点を検討します。

　第 4 節のテーマは，自己理解です。自分のことはなかなかわからないものです。どうすれば自分を理解できるようになるのかについて考えます。

1　「キャリア」の意味

キャリアの語源は轍

　日本では，明治 30 年代（1900 年ごろ）に，ヨーロッパの哲学・歴史・科学技術などで使われていた言葉を，漢語の助けを借りて日本語に翻訳していきました。archeology を考古学とし，economics を経済学と表記するようにしたことによって，私たちは日本語で高度なことを考えられるようになりました。非ヨーロッパの言語でこれだけの語彙と体系を持っている言語は，日本語以外にほとんどないといわれます。

　しかし，career という言葉は，日本語に翻訳されることなく，キャリアというカタカナで表記されています。多様な意味を含んでいるため，適切な日本語訳が見当たらないというのが理由ですが，カタカナ表記であるがゆえに，使う人によって意味するところが少しずつ異なるという問題があります。この本でも，「キャリア」と表記しますが，普通の日本語に翻訳できるところは翻訳して，説明したいと思います。

　キャリア（career）の語源は，轍だといわれます。土の道を馬車が通ると，跡がつきます。それが career です。轍ということから，キャリアには 2 つの意味があることがわかります。1 つは，先人が通った跡であり，もう 1 つは，自分が通ってきた跡です。

　成功を収めた先人が通った跡をたどっていくと，自分も成功できるはずです。

環境変化があまり大きくなかった時代は，それも可能でした。しかし，大きく環境が変わると，先人の歩いた跡をたどっていこうとしても，それが不可能になることがあります。それは，次のように表現できます。

　　成功を収めた先人の歩いた跡をたどっていくと，大きな川にぶつかった。以前は，その川に橋が架かっていたので，先人はその橋を渡って対岸に行き，さらに歩みを続けた。しかし，洪水のために橋が流されてしまい，対岸に渡ることができない。川幅は広く，流れが速いために泳いで渡ることは不可能である。しかも，何らかの手段を探してきて川を渡ったとしても，先人の足跡は洪水のために消えてしまっている。

　大河を前にして，右に行くのか左に行くのか，あるいは何とかして対岸に渡るのか，自分で考えて決めなければなりません。仮に対岸に渡れたとしても，先人の足跡をたどることはできなくなっています。自分で道を切り開いていかなければなりません。

　轍のもう 1 つの意味は，自分が通ってきた道です。「キャリアを振り返る」という表現がありますが，これは，自分が経験してきたことを整理して，自分の強みや弱み，保有能力などを確かめることです。高村光太郎の「道程」という詩の冒頭部分「僕の前に道はない。僕の後ろに道は出来る。」です。

延びる平均寿命

　キャリアという言葉は，仕事だけでなく，どう生きるかという意味も含んでいます。日本人の平均寿命（0 歳児の平均余命）は，2019 年の時点で，男性81.41 歳，女性 87.45 歳でした。生を受けてからこの世を去るまで，平均で 80年以上の期間があります。1960 年の平均寿命は，男性 65.32 歳，女性 70.19 歳でしたから，この 60 年間に男性は 16 年，女性は 17 年，長く生きられるようになっています（厚生労働省［2020］2 頁）。

　80 年の間にはさまざまなことが起こります。就学，就職，出会い，別れ，成功，失敗など，計画通りに進むことと突然起こることの繰り返しです。人生をいくつかの時期に区分して，その特徴を解説する方法はたくさんありますが，

ここでは，アメリカのキャリア理論研究者ドナルド・スーパーが提唱した「キャリアレインボー」によって，ライフキャリアについて考えてみます（労働政策研究・研修機構［2016］19-20頁）。

ライフキャリアレインボー

ライフキャリアレインボーは，その期間や情緒的な関与の視点から，人が生まれてから死ぬまでの間，ライフキャリアをどのように構成するのか視覚的に描写したものです。その1つの例が図1-1です。これは，次のような人生をたどった男性の動きをスーパーが図にしたものです。

> 22歳で大学を卒業し，すぐに就職。26歳で結婚して，27歳で1児の父親となる。47歳のときに1年間社外研修。57歳で両親を失い，67歳で退職。78歳のとき妻を失い81歳で生涯を終えた。

さまざまな役割が虹のように重なっているため，ライフキャリアレインボー

図1-1 ■ ライフキャリアレインボー

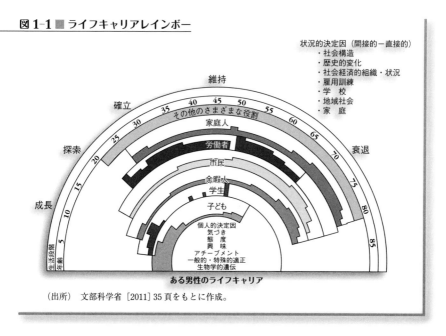

（出所）　文部科学省［2011］35頁をもとに作成。

5

と呼ばれています。人によってライフイベント（人生の中のできごと）が異なるため，100人いれば100通りのライフキャリアレインボーが描けることになります。

ライフスペース

　ライフキャリアレインボーでは，キャリアを役割と時間軸の2次元でとらえています。役割は「ライフスペース」（life space）と呼ばれ，①子ども，②学生，③余暇人（余暇を楽しむ人），④市民（地域活動など地域への貢献の役割），⑤労働者，⑥配偶者（妻・夫），⑦家庭人（自分の家庭を維持管理する），⑧親，⑨年金生活者の9種類があります（図1-1では一部が「その他」にまとめられています）。これらは重複可能であり，相互に作用を及ぼします。そして，役割の重要性は，次の3種類の基準から決定することができるとします。

　(1)　役割コミットメント：役割に関与する度合い

　(2)　役割参加：役割に実際に費やした時間やエネルギー

　(3)　役割知識：役割における直接的もしくは代理的な経験により獲得した知識

　役割参加の程度が高くても（たとえば，町内会で会長を務めていても），その仕事への役割コミットメントの程度が弱い（自分の中では大切な役割だとは思っていない）こともあります。反対に，特定のキャリアへの役割コミットメントが強くても（たとえば，子育てが大切だと考えている），役割参加の程度が低いこと（子どもとのかかわりに十分な時間が割けていない）もあります。スーパーは，キャリア発達は，役割との密接な相互関係からなるとし，それぞれの役割を重要視しました。

ライフステージ

　ライフキャリアレインボーの時間軸は，「ライフステージ」（life stage）と呼ばれ，「成長」「探索」「確立」「維持」「衰退」の5段階で構成されています。

　(1)　第1期：成長段階（0〜14歳）

　　身体的発達，自己概念の形成を主とし，自己の興味，関心や能力に関する探究を行う発達段階。仕事に関する空想，欲求が高まり，職業世界へ関心を

寄せる時期。

(2)　**第 2 期：探索段階（15〜24 歳）**

　いろいろな分野の仕事があること，そのための必要条件を知り，自己の興味関心などに合わせ，特定の仕事に絞り込んでいく段階。その仕事に必要な訓練を受け，仕事に就く段階。

(3)　**第 3 期：確立段階（25〜44 歳）**

　キャリアの初期段階。特定の仕事に定着し，責任を果たし，生産性を上げ，職業的専門性が高まり昇進する。

(4)　**第 4 期：維持段階（45〜64 歳）**

　確立した地位を維持し，さらに新たな知識やスキルを身につけその役割と責任を果たす段階。キャリア上の成功を果たすことができれば，自己実現の段階となる。この時期の最後には退職後のライフキャリア計画を立てる。

(5)　**第 5 期：衰退段階（65 歳〜）**

　有給の仕事から離脱し，新たなキャリア人生を始める。地域活動，趣味・余暇活動を楽しみ，家族との交わりの時間を過ごす。

　大学生のみなさんは，第 2 期の真っ只中にいます。これから職業についての情報を集め，どのようなことを仕事にしていくのかを決め，それに必要な能力を高めていく時期にあります。この時期に何をする必要があるのかを考えることも，この本の大切な目的の 1 つです。

2 日本社会の現状

日本の高齢化率は世界一

　私たちは，日本という社会の中で生きています。日本には，2020 年 7 月 1 日現在，1 億 2584 万人が暮らしており，そのうちの約 248 万人が外国籍の人たちです（総務省統計局［2020］）。日本は，2010 年以降，人口減少の局面に入っていますが，それでも世界で 11 番目の人口規模です。日本は，天然資源の乏しい国ですが，人口という資源は，とても豊富に持っています。

　日本は，人口減少とともに，人口構成の高齢化と少子化という問題に直面しています。65 歳以上の人たちが総人口に占める割合を高齢化率といいますが，

日本は 28.1 %（2018 年）で世界一です。第 2 位はイタリア（23.3 %），第 3 位はポルトガル（21.9 %），第 4 位はドイツ（21.7 %），そしてフランスが第 10 位（20.1 %）です。2 位以下 10 位まで，すべてヨーロッパの国々が占めています（総務省統計局［2018］）。

　人口構成の高齢化が進んでいるのは，アジア諸国も同じです。国連のデータによると，現時点では，高齢化率が 15 %を超えているアジアの国はありませんが，今後，韓国，タイ，シンガポール，中国の高齢化が急速に進んでいくと予想されています。2050 年時点の高齢化率の予想を見ると，日本 37.7 %に対して，韓国 35.3 %，シンガポール 33.6 %，タイ 29.0 %，中国 26.3 %となっています（内閣府［2018］7 頁）。

　日本は，高齢化問題で世界の最先端を走っています。高齢者が総人口の 3 割近くになった状態を，他の国は経験したことがありません。お手本にする国がないため，高齢化にともなって発生する問題の解決方法を自分たちで考え出さなければなりません。なかなかたいへんです。しかし見方を変えれば，近い将来には他の国々も直面する問題の解決策を，いま模索しているのですから，解決策を見出すことができれば他の国にノウハウを提供することができると考えられます。

事実を直視する

　みなさんが働くようになったとき，労働者の約 6 人に 1 人は 65 歳以上の高齢者です。中小企業は，高齢労働者の割合が大企業に比べて高いので，就職先によっては，もっとたくさんの高齢者と一緒に働くことになる可能性があります。

　高齢化が進む日本社会の深刻さを表現するために，次のような数値が示されることがあります。「1950 年には現役世代（15〜64 歳）12.1 人で 65 歳以上の高齢者 1 人を支えていた。この数値は，その後一貫して減少し，1970 年には 9.8 人，1990 年には 5.8 人，2015 年には 2.3 人になった。このままの状況で推移すると，2030 年に 1.9 人，2040 年に 1.5 人になっていく」（内閣府［2019］ほか）。このような数字を見せられると，「日本社会の高齢化って本当にたいへんなんだな」と思ってしまいます。

　他方，一般にはほとんど語られていませんが，次のような事実があります。総人口に占める就業者（労働力人口から失業者を除いた人たち）の割合は，この60年間ほとんど変化していません。むしろ，最近は上昇しています。図 1-2 がそれを表しています。1953 年の 45.0 ％から多少の変動はあるものの上昇傾向を示し，1997 年に 52.0 ％になりました。その後，やや低下しましたが，2014 年に再び上昇に転じ，2019 年には 53.3 ％と，1953 年以来の最高値を示しています。

　私たちの社会は，働いて社会を支えている人たちと，そういった人たちに支えられている人たちに大別されます。就業者とは，社会を支える側にいる人たちです。働いて収入を得ることによって，本人や家族の生活を支えている人の割合は，この 60 年間，50 ％の近傍で推移してきたのです。

　この事実は，先に示した現役世代と高齢者の比率とまったく異なっています。このような差異が発生するのは，少子化の影響を考慮に入れているか否かに起因します。子どもは，支えられる側に属していますが，その人数はこの 60 年間減少してきました。他方，高齢者の数が増えてきたので，現役世代と高齢者の比率を計算すると，現役世代の負担が増えているということになります。しかし，支える人と支えられる人という視点で見ると，人口構成の高齢化にともなう影響は，まだ限定的であるといえます。

図 1-2 ■ 総人口に占める就業者の割合

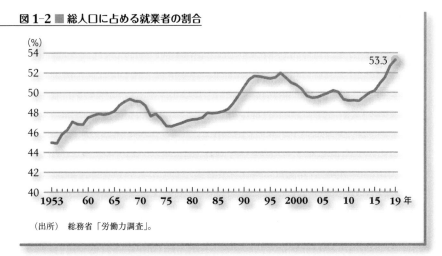

（出所）　総務省「労働力調査」。

　一般にいわれていることが正しいとは限りません。ある種の思い込みで，誤ったことが主張される場合があります。これからの自分の人生を考えるとき，正確な事実を収集し，それをもとに考えることが必要です。

未婚率の上昇が少子化の原因

　日本社会のもう1つの問題である少子化は，結婚しない人が増えていることが原因になっています。日本は，婚外子（法律上の婚姻関係にない男女の間に生まれた子）の割合がとても低く，2018年で2.29％でした（国立社会保障・人口問題研究所［2020］）。スウェーデン55.47％，フランス49.51％，イギリス43.66％，ドイツ29.96％と比べると（いずれも2006年の数値，厚生労働省［2015］），日本の低さがよくわかります。

　ヨーロッパ諸国で，婚外子の割合が高いのは事実ですが，多くの子どもたちは両親と一緒に住んでいます。両親が法律上の婚姻関係を結んでいないだけなのです。しかし，日本では，子どもを持つ前提として結婚することが社会規範になっているので，結婚しない人が増えると，子どもの数が減ることになります。

　詳細は第8章で検討しますが，男性は1980年ごろから，女性は1985年ごろから未婚率が上昇し始めました。2015年の30～34歳層の未婚率を見ると，男性が47.1％，女性が34.6％になっています（内閣府［2020］13頁）。

　日本の若者がなぜ結婚しなくなったのかについては諸説ありますが，生活水準を落としたくないという考えも影響しているといわれます。親と同居していると，住居費や食費，光熱費の支出を低く抑えられ，収入の大半を自由に使うことができます。しかし，結婚して親元を離れると，住居費などの費用を自分たちでまかなわなければならなくなり，自由になるお金が減ってしまいます。1980年代ごろまでは「結婚して子どもを育てて一人前」という考え方があり，20代後半になれば結婚するのが当たり前と多くの人が思っていました。しかし，その後，結婚観が変化し，無理して結婚しなくてもいいと考える人が増えています。

　どのような人生を送るかは個人に任されています。人生は意思決定の連続です。選択肢が示されたとき，自分が納得いく形で決められるように，「選ぶ能

力」を高めておく必要があります。大学で学ぶことは，視野を広げて「選ぶ能力」を高めることにつながります。

3　労働の連鎖

私たちの生活はたくさんの人たちに支えられている

　私たちの社会は，1人1人の労働がつながることで，快適な生活を送ることができています。スーパーマーケットやコンビニエンスストアに行くと商品が置いてあり，必要なものを買うことができます。そのお店までどのようにして商品が届いたかを考えると，じつにたくさんの人がかかわっていることがわかります。

　まず，商品をつくる会社があり，そこで働いている人がいます。商品生産に機械を使うとすれば，その機械をつくってくれる会社とそこで働く人たちがいます。できた商品は，運送会社によって運ばれますが，運ぶためにはトラックが必要です。トラック製造会社で働いている人がかかわっています。トラックを走らせるには燃料が必要ですから，石油会社で働いている人たちも関係します。トラック運転手によって運ばれた商品を店内に並べる際，棚や冷蔵庫，照明器具といったものが必要です。それらをつくっている会社で働いている人たちも必要です。ちょっと考えただけでも，思ったより多くの人が関係していることがわかると思います。

　もし，近くのスーパーマーケットが売上不振を理由に閉鎖になったら，私たちは困ってしまいます。遠く離れた他の店に買いにいかなければならなくなります。みなさんは，「そうなったら，ネット通販で注文すればいいや」と考えるかもしれません。しかし，みなさんの注文がネット通販の会社に届くまでにも，たくさんの人がかかわっています。まず，スマートフォンを製造する会社の人たちがいます。インターネットが使えるようにするために，設備をつくり，敷設し，維持している人たちがいます。ソフトウェアを開発し，メンテナンスしている人たちもいます。注文情報がネット通販の会社に届くと，倉庫にそのデータが送られ，注文品を荷造りして発送する人がいます。その荷物を運ぶ人たちがいます。これらの連鎖が1つでも途絶えると，みなさんが注文した商品

が所定の時間に届かなくなります。

どの鎖素子を担うのか

　働くとは，この連鎖のどこを担うかということです。詳しくは第4章で検討しますが，社会の仕組みの中に自分の仕事を位置づけるという視点が大切です。ちょっとしたことのように見える仕事でも，鎖素子（鎖の1つの輪）をなしていて，その輪が途切れると，ものごとが円滑に進まなくなります。どんなに小さな鎖素子にも役割があり，その役割を果たすことで社会がまともな状態に保たれるのです。

　新型コロナウイルス感染症への対応のため，多くの企業でテレワークが導入されました。ネット経由でできる仕事はそれでよかったのですが，医療関係者，ゴミ収集業，スーパーマーケットなどの店頭販売，宅配業，公共交通機関など，人がその場にいなければできない仕事では，感染の恐怖と戦いながら，従業員は出社していました。社会生活の基盤を維持するための労働に携わっているので，こういった仕事をしている人たちのことを「エッセンシャルワーカー」と呼んでいます。

　スーパーマーケットでは，たくさんのパートタイム労働者が働いています。彼（女）らは，その土地の相場賃金で働いており，収入は決して多くありません。しかし，その人たちがいないと店舗の運営が成り立ちません。ゴミ収集業も同様です。ゴミ収集車が地域を回ってゴミを集めてくれるから，私たちは快適な生活を送ることができています。

　職業に貴賤はないといわれます。どんな仕事も意味があります。しかし，他の人でもできることを仕事にするのか，他の人ができないことを仕事にするのかで収入は変わってきます。自分は労働の連鎖のどこを担いたいのか，どれくらいの収入を得たいのかといった点を考慮に入れて，職業を選ぶ必要があります。

4 自分の適性を知るには

自分のことはよくわからない

　キャリア教育では，よく，「自分の強みと弱みを見極めて，自分に向いている仕事を見つけよう」といわれます。真面目な学生ほど，まずは自分の強みと弱みを明らかにしなければならないんだと考え，自己分析に取り組みます。しかし，自分の強みと弱みは何かがよくわからずに悩んでしまいます。そして，筆者（藤村）のところに相談にきます。「先生，自分の強み・弱みがよくわからないのですが，どうしたらいいですか」。そういう学生に筆者は次のように答えています。

　「働いたこともないのに，強み・弱みがわかるはずがない。自分が何に向いているのかがわからないというのが普通だ。20歳過ぎの若者が自分の強み・弱みを理路整然と語る姿を見ると，違和感を覚える」。

　では，どうすればいいのでしょうか。「わからないから動くんだ。わからないといって立ち止まっていては，何も見えてこない。すでに働いている先輩の話を聴いたり，会社紹介のイベントに出席したりして，情報を集める。すると，だんだんと自分がやりたいと思う仕事が見えてくる」。

　また，次のような助言もします。「自分に向いていないと思っていた仕事が，じつは自分に向いていたということは，しばしば起こる。こんな先輩がいた。その先輩は，自分は話すのが得意ではないので営業向きではないと思っていたが，会社の人事異動で営業部に配属になった。仕方なしに営業という仕事に取り組んだところ，その面白さが見えてきた。営業とは，ものを売る仕事ではなく，お客さんの問題解決をお手伝いする仕事だということに気づいたからだ。お客さんの声をしっかり聴いて問題点を明確にし，その解決のために自社製品の利用方法をご紹介したら，とても喜ばれた」。

　何ごともやってみなければわからないものです。自分に向いている仕事に最初から出会えるのは稀です。筆者は，大学教員として働いてきましたが，この仕事が自分に向いていると心から思うことができたのは40歳を過ぎたころでした。この道に入ってから10年以上が経過していました。

キャリア教育とは人生の羅針盤

　キャリアとは，自分で道を切り開いていくことです。切り開くには，それなりの知識と技術が必要です。この本は，その手助けになることを目的としています。将来のことは誰にもわかりません。よいこと，悪いこと，楽しいこと，つらいこと，いろいろなことが起こるのが人生です。人生という大海原を航海する際の羅針盤となるのがキャリア教育です。

　目的地を決め，経路を決めて漕ぎ出すと，予期しないことが次々と起こります。それを1つ1つ乗り越えていくと，目的地に近づけます。しかし，場合によっては，目的地を変更したほうがいいと思うこともあるでしょう。「これで本当にいいのか」「これが自分の求めていたことなのか」。自問自答の連続です。周囲の人たちも助けてくれますが，結局は自分で決めるしかありません。決めるための能力を高めることがキャリア教育だということもできます。この本の各章で提示される課題を考えることによって，自分自身の羅針盤の精度を高めていってもらいたいと思います。

●こんなことも考えてみよう！

▶**1**　高村光太郎「道程」は，とても長い詩です。その全文を読んで，キャリアとどのようなかかわりがあるかを考えてみよう。

▶**2**　少子化の原因の1つである結婚観の変化を調べ，なぜ変わってきたのかを考えてみよう。

▶**3**　キャリアの理論には，いろいろなものがあります。それぞれの特徴を整理してみよう。

●参考文献

厚生労働省［2015］「平成 27 年版　厚生労働白書」。
厚生労働省［2020］「令和元年　簡易生命表の概況」。
国立社会保障・人口問題研究所［2020］「人口統計資料集 2020 年版」（表 4-18）。
総務省統計局［2018］「統計トピックス No. 113　統計からみた我が国の高齢者——『敬老の日』にちなんで」。

総務省統計局［2020］「人口推計（令和 2 年（2020 年）7 月確定値，令和 2 年（2020 年）
　12 月概算値）」。

内閣府［2018］「平成 30 年版 高齢社会白書」。

内閣府［2019］「令和元年版 高齢社会白書」。

内閣府［2020］「令和 2 年版 少子化対策白書」。

文部科学省［2011］「高等学校キャリア教育の手引き」。

労働政策研究・研修機構［2016］「JILPT 資料シリーズ No. 165　職業相談場面における
　キャリア理論及びカウンセリング理論の活用・普及に関する文献調査」。

第**2**章
大学で学ぶ意味

ねらい

　大学で学ぶことは，みなさんの人生においてどのような意味を持つのでしょうか。それを考えるのが，この章の目的です。

　大学教育は役に立たないといわれることがあります。役に立たないのであれば，どうしてこんなにたくさんの人が大学教育を受けているのでしょうか。役に立たないものは消えていくのが，世の中の常です。しかし，大学の中には100年以上の歴史を持つところがいくつもあります。大学は，社会の中で一定の役割を果たしてきたからこそ，生き残ってこられたのだと考えられます。では，どのような役割を果たしてきたのか──この点を明らかにすることも，この章の課題です。

　大学教育にはお金がかかります。授業料や教科書代など直接かかる費用のほかに，その期間働いたら得られたであろう所得も，費用だといえるでしょう。これを機会費用といいます。これらを踏まえて，大学教育をある種の「投資」だと考えた場合，どれだけの収益をもたらすのかを計算することができます。教育の経済学が，大学教育の投資効率をどのように議論しているのかを紹介します。

　みなさんの中には，特定の資格を取得するために大学進学を決めた人もいると思います。世の中の資格にはさまざまなものがあります。資格を取得することが職業キャリアの形成においてどのような意味を持つのかも，考えてみたいと思います。

1　大学と高校の違い

　高校までの勉強は，答えがあらかじめ決まっている問題を，速く正確に解く能力を高めるものでした。高校までの試験は，知っておくべき事項を記憶しているか否かを問うものが多く，正解と不正解が明確でした。他方，大学での勉強は，答えのない問題の答えを探すことに重点が置かれています。記憶した情報量ではなく，自分の中にある情報を駆使して，一定の答えを導き出す能力を鍛えます。考えることが大学教育の中心であるといってもいいでしょう。

　大学教育は，高校までの教育と比べて，自由度が大きいという特徴を持っています。具体的には，①履修科目の選択，②時間割の組み方，③時間の使い方の 3 つです。

学ぶ内容と時間帯を自分で決める

　大学に入学すると，どの講義を選択するかを自分で決めることが求められます。高校までは，時間割がほぼ決まっており，選択の幅は限られていました。しかし，大学はどの時間帯にどの講義を履修するかという点において自由度がとても大きくなっています。もちろん，必修科目が設定されている場合がありますが，月曜日から土曜日まで時間割が必修科目で埋まってしまうことはほとんどありません。

　大学を卒業するために必要な単位数は大学によって異なりますが，そんなに多いわけではありません。学期ごと，あるいは学年ごとに取得できる単位の上限が決められていますが，上限いっぱいの単位を取得していけば 2 年半で卒業所要単位を満たすことも不可能ではありません。もちろん，学期ごとに最低履修単位が決められている場合があるので，それぞれの大学の履修制度を確認してください。

自由な時間をどう使うか

　履修科目と履修時間を自分で決められるので，大学に行って講義などに出席するのを週に 4 日だけにすることも可能でしょう。そのとき，残りの 3 日を何

に使うのか——これもみなさんの自由です。運動部に所属していれば練習時間
にあてることができますし，家庭の事情で生活費を稼がなければならないので
あればアルバイトの時間を増やせます。学内のサークルに所属して活動するの
もいいでしょうし，学外の仲間とバンドを組んで演奏活動をすることも可能で
す。

　しかし，せっかく大学生になったのですから，大学のさまざまな施設を使っ
て勉強することも，選択肢の1つに入れておいてください。大学には図書館が

Column 1 ■ 他学部の講義も聴いてみよう

　大学では，卒業所要単位が学部ごとに決まっており，講義科目は，必修科目，
選択必修科目，選択科目などに区分されています。区分ごとに取得しなけれ
ばならない単位数が決まっているので，間違えないようにしてください。区
分ごとの計算を間違えて卒業できなくなる学生が，ときどきいます。

　卒業所要単位は，法令では124単位以上となっていますが，130単位前後で
設定している大学・学部が多いようです。130単位というと，2単位科目を65
科目履修すればいいので，単位数だけでいえば2年半で修了要件を満たすこ
とになります。ただ，単位とは，講義に出席する時間と予習・復習の時間と
を合計した時間を学びにあてることを前提に考えられているので，学修効果
の観点から，学期ごとに履修単位の上限が定められています。それゆえ，2年
半で卒業はできないのですが，時間的な余裕は相当あります。

　その時間をどう使うかですが，卒業所要単位に関係なく，自分が興味のあ
ることを学ぶ時間にあてることをお勧めします。筆者（藤村）は，語学に興味
があったので，大学1年生と2年生の2年間に，英語12単位，ドイツ語12
単位，フランス語8単位を修得しました。ドイツ語とフランス語を学んだお
かげで，ヨーロッパを旅行したときに役に立ちました。

　また，他学部の講義も聴講にいきました。正式な単位履修は認められませ
んでしたが，経済学部に籍を置きながら，法学部や文学部の講義を聴きました。
他学部の学生が「先生の講義を聴きたいので認めてもらえませんか」といっ
てくれば，特殊な科目でない限り，教員は許可します。大学の資源を目一杯
使って，学びの幅を広げてもらいたいと思います。

あります。図書館は知の宝庫です。みなさんが疑問に思ったことを調べるとき，図書館はたくさんの情報を提供してくれます。

インターネットで検索すれば，いろいろな情報を手に入れられるのは事実ですが，ネット上にすべての情報が載っているわけではありません。また，ネットから得られる情報は玉石混淆です。正しい情報を見極める目を持っていないと，不正確な情報に振り回されかねません。本の中でも「古典」といわれるものは，その分野で一定の評価を得ています。まず，そういった本を手にとって読んでみると，これまで知らなかったことに出会えます。「知るは楽しみなり」という言葉があります。知らなかったことを知り，わからなかったことがわかると，視野が広くなり，もっとたくさんのことを知りたいと思うようになります。

本を読むことは考えること

学生から次のような質問をされることがあります。「先生は，本を読めとおっしゃるけれど，私は読んだ本の内容をほとんど忘れてしまいます。読んだ内容が身につかないのであれば，本を読むことはムダではないでしょうか」。人間の頭はコンピュータではないので，インプットしたデータがすべて脳の中に蓄えられるわけではありません。時間の経過とともに，忘れていきます。

では，意味がないのかというと，決してそんなことはありません。本を読むという行為は，活字を追いながら頭の中に情景を描くことです。情景を描くには，脳のさまざまな箇所を動員する必要があります。つまり，本を読んでいる間，私たちの脳は活発に動いているのです。身体を動かさないと，だんだん固くなってきて，動きが悪くなります。脳も同じです。常に頭を使っていると，発想が柔軟になり，思考の幅を広げることができます。

本を読んでいる間，私たちは著者の思考をなぞっていきます。著者の考えに賛同できる部分もあるでしょうし，逆に賛同できない部分もあるでしょう。著者と一緒に考えるのが，本を読むことです。仮に，1 日に 1 冊の新書を読むと，1 年間で 365 冊を読むことになります。これは，365 回の濃厚な思考を重ねたことと同義です。読んだ内容を忘れたとしても，考えるという行為をしたことは自分の中に残ります。ここに本を読むことの大切さがあります。

2　大学教育の意味

大学教育の費用

　大学教育にはお金がかかります。日本には，約 770 の大学がありますが，約 8 割が私立大学です。学費は，国公立と私立で大きく異なります。国公立だと，4 年間の学費の合計が約 300 万円です。入学検定料，入学金，4 年間の授業料，教科書などの費用がこれに含まれます。一方，私立大学の学費は，学部によって大きく異なります。医学部だと 2000 万円以上，理系の学部だと 600 万円，文系学部で 450 万円程度必要です（文部科学省ウェブサイトをもとに概算）。

　大学教育にかかる費用は，学費だけではありません。大学に行かずに高卒で働き始めると，給料が入ります。大学進学は，働いて得られたかもしれない所得をあきらめて，その時間を教育に使うことです。冒頭の「ねらい」でも述べましたが，この稼げたかもしれない金額を「機会費用」といいます。その額は，年間約 250 万円，4 年間で約 1000 万円になります。2019 年の「学校基本調査」（文部科学省）によると，4 年制大学への進学率は 53.7 ％でした。これに短大・高専への進学率 5.3 ％と専門学校等への進学率 23.8 ％を加えると，高校を卒業してすぐに働き始める人たちは 2 割弱いることがわかります。

大学教育の収益率

　高校を卒業してすぐに働き始めることもできるのに，4 年制大学に進学すると，それなりに費用がかかります。私立大学の文系学部で学ぶことを前提として直接費用と機会費用の合計額を計算すると，約 1450 万円になります。決して少なくない金額です。これだけの費用をかけるのは，何か「いいこと」を期待しているからです。「いいこと」の 1 つ目は，高卒で働いたよりも生涯に受け取れる給料が多くなることです。教育にかける費用を投資と考えると，高卒よりも高い給料が得られることが収益です。ここから，教育投資の収益率を計算することができます。こうしたことを考える分野を「教育の経済学」といいます。

　生涯所得は人によって異なるので，平均値をとって計算します。「賃金構造

基本調査」(厚生労働省) という，毎年実施されている，非常に優れた統計を用います。島一則は，私立大学の収益率は，1976 年から 2012 年の間，6〜7 ％で推移していることを示しています。ただ，島 [2014] の計算は，機会費用を考慮に入れていないために，実際の収益率はこの水準よりも低くなると考えられます。

　2020 年，大手銀行の定期預金金利は，わずか 0.002 ％です。1450 万円を定期預金にすると，1 年に 290 円の利子しか付きません。他方，大学教育に投資すると，6 ％程度の収益が見込めます。純粋にお金の観点から見れば，投資先としての大学教育は十分に意味があるといえます。

就職の選択肢が広がる

　大学進学の 2 つ目の「いいこと」は，就職先の選択肢が広がることです。現在，多くの企業が，大学卒業 (見込み) の人たちだけを採用対象にしています。高卒だと採用選考に進めない企業が相当数あるのです。自分が将来就きたいと考えている仕事のためには「大学卒業」という学歴が必要だ，だから大学に行く——このように考えて，大学進学を決める人は多いと思います。

　ただ，知っておいてもらいたいのは，日本の企業が求めていることの本質は，大学卒業という学歴ではないということです。企業は，とにかく優秀な人材を採用したいと考えています。先述したように，高校を卒業してすぐに就職する人は，高卒者の 2 割弱です。しかも，家が貧しくて大学・短大や専門学校に進学できないという人は，昔よりは少なくなっています。1980 年代までは，高卒者の中に，学校の成績はよいのに家庭の事情で進学できない人たちが，今よりも多くいました。一方で，大企業も高卒者を一定数採用し，その中から上位の職位に昇進していく人がいました。

　しかし，大学進学率が上昇し，高卒者を採用対象としても，企業が設定した基準を満たす能力を持った人を見出すのが難しくなりました。そこで，企業は，採用対象者を大卒に絞るようになったのです。

日本は学歴社会か

　大卒だと就職の選択肢が広がることは事実です。では，日本は「学歴社会」

でしょうか。周囲の大人たちに聞いてみてください。学歴社会だという人もいれば，そうではないという人もいると思います。学歴社会か否かを決めるには，学歴社会の定義を明確にしておかなければなりません。学歴社会とは，あることをしようとするとき，一定の学歴を有していることを条件とする社会です。

　医師や看護師，薬剤師といった特定の国家資格は，その資格に関連する学校を修了していることを条件としています。そのような資格を得るには，一定の学歴が必要です。また，一部の国家試験は，学歴要件を定めている場合があります。しかし，一定年数の実務経験で代替できる資格がほとんどです。そのため，大半の国家資格は，学歴要件がないといっても過言ではありません。たとえば司法試験は，法科大学院を修了しているか，予備試験に合格することが受験資格になっています。法科大学院を修了していなくても，予備試験に合格すれば受験できるので，事実上，学歴要件がないといえます。

　「学歴についてはそうかもしれないけれど，どの学校を卒業したかという点が大切なのではないでしょうか」という声が聞こえてきそうですね。たしかに，どの大学を卒業したのかという点は，しばしば注目されます。これは，学歴ではなく「学校歴」です。偏差値の高い大学，すなわち入試が難しい大学を卒業していれば，一定の能力を持っていることの代理変数になるという考え方です。しかし，有名大学の卒業生が常に成功するとは限りません。社会で成功するには，学力以外の要素も必要とされるからです。

外国は厳然たる学歴社会

　では，諸外国ではどうでしょうか。アメリカやヨーロッパだけでなく，アジア諸国でも，学歴はとても重視されます。たとえばドイツでは，民間企業においても，課長職以上に昇進するには大学卒であることが求められます。日本の高等専門学校にあたる学校を卒業して民間企業に勤めた人が管理的な仕事に向いていると会社側が判断した場合，会社の費用でその人を大学に送って大学卒業という学歴をつけさせるといいます。

　卒業した学部によって特定の呼称が与えられるのが諸外国の実態です。たとえば，経済・経営・商学系の学部を卒業すると economist，法学部を卒業すると jurist，工学部を卒業すると engineer と名乗ります。"What is your occupation?" と聞かれたとき，日本人は働いている会社名を答えますが，ヨーロッパの人は "economist" とか "engineer" と答えます。会社名をいうときには，"I started my career from ×× company." と表現します。この点は，海外の人と職業について話すときに，覚えておくと役に立ちます。

3 大学教育はどのように役に立っているのか

　大学教育は，働くようになって必要とされる能力と，どのように結びついているのでしょうか。この点を考えるのがこの節の目的です。

論文を書くことの意味

　大学教育のさまざまな要素が凝縮されているのが，論文を書くことです。論文を書くには，先行研究を調べたり，他の人と議論したりすることが必要です。学問分野によって書き方に違いがありますが，基本的な手順は次のようになっています。

（1）課 題 設 定

　　問題意識とも表現できます。どのような課題を解きたいのか，どのような問題を解決したいのかを明確にします。限られた時間と字数で論証するには，課題を限定する必要があります。たとえば，「日本社会の問題を解決する」という課題設定は，本を書くのならまだしも，論文の課題としては大きすぎます。日本社会には，さまざまな問題があります。その中のどれに注目するのか，また，その問題によってどういう人たちが困っているのかを特定していく必要があります。「シングルマザーに育てられている子どもたちの貧困問題」とすると，対象がだいぶ絞られていますが，まだ不十分です。居住地域（都市部か地方か），子どもの年齢（幼児期なのか学齢期なのか），母親の職業（正社員なのかパートタイマーなのか），貧困によって発生している問題などで絞り込んでいくと，ようやく論文の課題になります。都市部でパートタイマーとして働くシングルマザーに育てられた子どもたちは，なぜ給料の高い仕事に就くのが難しいのか――このくらい限定してはじめて，論文のタイトルらしくなります。

(2)　仮 説 設 定

　課題が決まると，次に「なぜ，その問題が発生しているのか」についての仮説を考えます。先に示した課題でいえば，①家計を助けるためにアルバイトをしなければならない子どもが多く，十分な学習時間が確保できていないために知識量が不足している，②学習塾など学校以外で勉強する機会が少ないために，上位の学校への進学が難しくなっている，③家計に余裕がないため，大学進学率が低い，などが考えられます。仮説は，課題解決のために集めるべき情報を特定するために必要です。

(3)　情 報 収 集

　どの仮説が正しいかを検証するためには，情報を集めなければなりません。まず，先行研究を読むことから始めます。多くの場合，私たちが問題だと感じていることについては他の人も問題だと思っており，それについての研究が行われています。先行研究を丁寧に読むことで，どこまでが明らかになっていて，何がまだ解明されていないかがわかります。この部分は，(2) 仮説設定と同時並行的に進めます。先行研究を整理していくことで，仮説がより明確になるからです。

　仮説に関係する情報にはさまざまなものがあります。政府の統計や公的機関が実施した調査結果，研究者が行った実態調査の報告など，有用なものがたくさんあります。また，自分で調査を設計して実施することも考えられます。インタビュー調査やアンケート調査から得られた情報は，課題解決を考える上で大きな助けになります。

(4)　仮 説 の 検 証

　情報収集がある程度進むと，その情報を使って仮説を確かめていきます。問題の認識は正しいか，問題の発生原因は何か，仮説で説明できる部分とできない部分はどこかといった点を検討します。検討の途中で足りない情報に気づけば，(3) 情報収集をさらに続けます。

(5)　残 さ れ た 課 題 の 確 定

　仮説検証の結果，課題の原因がどこまで解明されたのか，解明されていない部分はどこかが整理されてきます。解明されていない部分については，再び (1) 課題設定に戻って，(1)〜(4) を繰り返します。そうした一連の手順

を踏んだとしても解明できない部分が残ります。それを「残された課題」として整理しておくと，他の人がその課題を考える際の参考になります。

　以上が，大学で論文を書く際にとられる手順であり，学生はこれをしっかり身につけることを求められます。これら一連の過程の中で，教員や他の学生と議論を重ねます。(1) 課題設定のとき，教員はたいがい「もう少し絞ったほうがいい」と助言します。(2)〜(5) では，「こういう考え方もあるのではないか」「こういう情報も必要ではないか」「このように考えるとどうなるだろうか」といった意見を仲間からもらいます。しっかり考えて，取り入れるものと取り入れないものを判断します。場合によっては侃々諤々の議論になることもありますが，議論の中から新しい発見が出てくることを経験します。

　これらの活動は，大学で行われる訓練なので，アカデミックトレーニングと表現されます。じつは，このアカデミックトレーニングが，企業に入って働くようになったときに，ほぼそのまま役に立つのです。

企業の現場で求められる能力

　会社でも日々，さまざまな問題が発生しています。たとえば，新製品を売り出したけれど売れ行きがよくないということが起こります。すると，企業内の担当部署では，論文を書くときと同じことが行われます。

　課題は明確です。新製品の売れ行きが悪い理由は何か，どうすれば売れるようになるのかを解明することです。そこで，売れ行きが悪い理由（仮説）を考えます。製品自体の性能，パッケージ，宣伝方法など，考えられる理由をあげていきます。

　次に，情報収集をします。小売店や顧客に直接意見を求めたり，類似製品の売上動向との比較を行ったりします。そして，どの理由が最も適切かを確定し，対策を立てます。もし，パッケージに問題があるのであれば，パッケージの試作品を数種類つくって，消費者テストをします。宣伝方法に問題があるのであれば，ネット広告を増やしたり，試供品を幅広く配ったりという対応をします。もし，製品の機能と消費者が求めているものが合っていないのであれば，製品の改良が必要になります。

　この過程の中で大切なのが，職場メンバーとの議論です。全員が同じように

考える局面では議論は起こりませんが，意見が少しでも異なると議論が始まります。相手に自分の意見を伝えると，相手はそれに対して反応してきます。それを受けて論理的に考え，同意する部分と反論する部分を明確にしていきます。この繰り返しによって，互いの理解が深まり，よりよい解決策にたどり着くことができます。アカデミックトレーニングをしっかり受けていれば，企業内で発生する問題に対応する基礎的能力ができていることになります。

「頭の体幹」を鍛える

　スポーツの世界で，体幹という言葉がしばしば使われます。体幹とは，身体の軸であり，これがしっかりしていないとよい成績を残すことができません。頭にも，体幹のようなものがあると思います。社会に出て活躍するには，しっかりした思考力と論理性，意見の異なる人とでも協力していける柔軟性，自分の意見をいうべきときに堂々という勇気，困難な場面でも逃げない粘り強さなどが必要とされます。これらを総称して「頭の体幹」と表現しましたが，これを鍛えることが大学教育の大切な役割だと考えます。

　ある会合で，大手化学メーカーの人事部長と話す機会がありました。その方は，採用活動について，次のような経験を話されました。

　　若手の採用担当者に学生の選考を任せていると，的外れな人選をすることが，ときどきあります。今年も，若手担当者がある大学の学生を選んできました。その学生は，アルバイトでタレントとして活動していたこともあって，人当たりがとてもよく，コミュニケーション能力もありました。でも，大学で真剣に勉強することなく，いわゆる楽勝科目をとって卒業所要単位を揃えていました。

　　私は，その学生を最終面接に進ませませんでした。それは，大学時代に勉強していないと，30代半ば以降の伸びが止まることを経験として知っていたからです。当社で活躍している人材は，大学時代にしっかり学問してきた人たちです。大学での勉強は，働くようになって必要とされる能力の育成に大いに役立っていると思います。

　この話は,「頭の体幹」の重要性を示しているといえます。

　木は, 地中に深く根を張って自らを支え, 幹を太くして伸びていきます。根と幹がしっかりしていれば, 広く大きく枝を張ることができ, 太陽の光をたくさん集めることができますが, 根と幹がしっかりできていない状態で枝を張っていくと, ちょっとした風で倒れてしまいかねません。

　これを人にあてはめると, 根と幹にあたるのが「頭の体幹」であり, 枝にあたるのが業務知識やさまざまなノウハウです。大学時代にしっかり勉強すると, 根と幹の基礎ができます。根と幹は働き始めてからも強化できますが, 基礎ができているか否かで成長度合いが変わります。30 代になって, 責任ある仕事や難しい業務を担当するようになると, 多くの知識・ノウハウを蓄えていかなければなりません。そのとき, 根と幹の堅牢さが問われることになります。

　前述の人事部長の経験知は, 大学教育の持つ役割を象徴しているといえます。学生たちは, 業務知識・ノウハウといった枝の部分に目を奪われがちです。しかし, 大きく立派な枝を張ろうと思えば, 根と幹がしっかりしていなければなりません。根と幹の基礎をつくるのが大学教育であることを強調しておきたいと思います。

4 資格取得の意味

資格の種類

　公的な職業資格には, 大きく分けて次の 4 つがあります。①その職業に就くために持っていなければならない資格（医師, 薬剤師, 弁護士, 税理士など）, ②ある仕事をするために法律等で所持が義務づけられている資格（危険物取扱者, 電気工事士など）, ③一定規模以上の事業所や職場ごとに資格保有者の存在が法律等で義務づけられている資格（衛生管理者, 電気主任技術者など）, ④持っていてもいなくても, 仕事を進めていく上で支障のない資格（中小企業診断士, 簿記検定など）。公的な職業資格の認定をするのは, 通常, 政府の省庁や関連団体から認められた機関です。筆記試験や実技試験を課し, 一定の成績を収めれば, 資格が付与されます。

資格が証明してくれる能力とは……

　資格は，その分野の知識を一定水準以上持っていることを証明してくれます。関連する法令や基本的な原理原則について知っている証明になるということです。では，この証明は，仕事をしていく上でどれくらい役に立つものなのでしょうか。

　仕事をする上で必要とされる能力は，問題を発見し，その原因を探り，解決策を立てて実行する能力です。解決策がうまく機能しなければ，修正を加えて再度挑戦し，最後まであきらめることなく突き進むことも重要です。資格は，原因の追究方法や解決策の立て方を知っていることの証明にはなりますが，それを実行していく力があるか否かは証明してくれません。知識があっても，それを活かす行動力がなければ，よい職業人とはいえません。

資格取得の賢い使い方

　私たちは，毎日の労働の中で，さまざまな経験を積み重ねています。それは，ちょうど，大きな袋の中に経験という玉を放り込んでいくようなものです。最初のうちは，袋の中身が少ないので，必要なものを取り出すのにあまり時間がかかりませんが，2年経ち3年経つうちに，袋がいっぱいになってきて，何がどこにあるのかがわからなくなってきます。すぐに取り出せない資料は持っていないのと同じであるように，これからの仕事に活かせない経験は，経験したことがないのと同じになってしまいます。

　資格取得は，経験してきた内容を整理し，いつでも取り出せる状態に並べ替える上で有効です。経験でいっぱいになった袋を空にして，必要なものとそうでないものを分類し，必要なものは所定の場所に収納し，いつでも取り出せるようにします。資格取得のためには，理論や制度を勉強しなければなりません。これまで，経験を頼りに何気なく処理してきたことの背景に，壮大な理論体系が潜んでいるのを発見したとき，仕事への理解がいっそう深まるはずです。資格取得は，このように使われてこそ価値があります。

　実務経験で鍛えられていない資格は，ほとんど意味がありません。不動産関係の仕事に就きたいと考えている学生が，宅地建物取引士（宅建）の資格を取ることには意味があります。しかし，製造業で職を得たいと思っている学生が，

宅建の資格を取っても，あまり意味がありません。もちろん，簿記 1 級などの取得が難しい資格に合格していれば，粘り強く勉強する能力があることの証明にはなります。闇雲に資格を取るのではなく，自分の職業選択において有効か否かをよく考えて取り組むことが必要です。

5 大学教育と働く際に必要な能力との関係
——日々の活動が将来につながっている

　表 2-1 に，働くようになって必要とされる能力をまとめました。これらの能力の養成は，大学での正課教育と正課外教育に強く結びついています。たとえば，(1) 文書作成力の①「聴いた話の要点をつかんでメモを作成する」は，働き始めると真っ先に必要とされる能力です。先輩と一緒に得意先を訪問して訪問記録をつくるとか，会議に出席して議事録をつくるときには，人の話を聴きながらメモをとらなければなりません。

　みなさんは，毎日のように講義に出席して，教員の話を聴いています。教員は，資料を配付したり，板書したりしますが，話す内容をすべて資料や黒板に書くことはしません。学生は，教員の講義を聴きながら，大切な点をノートにメモしていきます。この行為が，将来必要とされる能力の育成につながっているのです。

　このような観点で表 2-1 を見ると，大学での活動が将来必要とされる能力に関連していることがわかるはずです。もう 1 つ例をあげましょう。情報の収集についてです。インターネットは，とても便利な道具です。検索すると，さまざまな情報を提供してくれます。しかし，本当に大切な情報はネット上にはないということを知っておいてください。大切な情報は，人の中に蓄積されています。

　ある課題について情報を集めようとするとき，第 1 段階としてインターネットで検索することは必要です。しかし，そこでとどまっていてはいけません。関係する人に会って話を聴くことが有効です。話を聴くためには，相手と信頼関係を結ぶ必要があります。インタビューの趣旨を説明し，教えてもらった情報をむやみに公表しないことを約束し，相手に信頼してもらえなければ，本当に大切な情報を得ることはできません。大学の正課授業で，フィールドワーク

として学外の人に話を聴く機会があると思います。それは，まさに将来の仕事につながっているのです。

表2-1 ■ 働く際に必要とされる能力

(1) 文書作成力

①聴いた話の要点をつかんでメモを作成する（顧客訪問記録，議事録など）
②伝えるべきことを簡潔に文章で表現する（メール，メモなど）
③書かれた文章から真意を読み取る（保存文書から事実関係を把握する）
④同じことを複数の方法で表現する術（対象によって表現を変える）

(2) 情報収集・分析・発信力

[A] 情 報 収 集
①情報についての正しい理解（真実は1つだが事実は無数にある）
②情報源について理解している（書かれたもの，人の話など）
③情報の収集方法を理解している（大切な情報は人の中にあることなど）
④検索キーワードを入れないと情報は集まってこない（仮説構築の重要性）
[B] 情報の分析
①情報源の評価（信頼できる情報か否かの判定）
②情報の価値の評価（何を捨てて何を採用するのか，優劣をつける）
[C] 情報の発信
①対象者に応じた発信方法の選択
②口頭による発信（プレゼンテーション＝話し方，用意する資料など）
③文章による発信（メール，回覧文書，報告書，企画案など）

(3) 状況判断・行動力

[A] 状 況 判 断
①行動を起こすために収集すべき情報
②相反する情報が集まったときの対処方法
③重視すべき状況に順位をつける
[B] 行 動 力
①自分の頭で考える
②周囲と連携をとりながら動く
③自分の意見を堂々と述べる
④未知の分野に踏み出す勇気
⑤変化に対応する柔軟性

◯こんなことも考えてみよう！

▶**1**　表 2–1 にまとめられている「働く際に必要とされる能力」が，大学内のどのような活動と結びついているかを検討してみよう。

▶**2**　国家資格の受験資格として，学歴がどのように求められているかを確かめてみよう。

◯参考文献

島一則［2014］「大学教育投資の経済効果」『季刊 個人金融』2014 年春号。

北條雅一［2018］「学歴収益率についての研究の現状と課題」『日本労働研究雑誌』2018 年 5 月号（第 694 号）。

文部科学省ウェブサイト「令和元年度 私立大学等入学者に係る初年度学生納付金平均額（定員 1 人当たり）の調査結果について」（https://www.mext.go.jp/content/20201225-mxt_sigakujo-000011866_1.pdf）。

第**2**部
社会に生きる

第**3**章
社会を見る目を養う
新聞を読み比べる

ねらい

　ほとんどの大学生は，新聞を読んでいます。みなさんも読んでいるはずです。ただし，印刷されたものではありません。インターネット（以下，「ネット」といいます）上の情報ソースは，新聞社が配信しているものが少なくないからです。自分の情報源の正体を知ることは重要です。

　新聞は，新聞社によって発行されます。新聞を知るためには，民間企業である新聞社について知る必要があります。また，新聞がどのように発行されているかは意外に知られていないものです。新聞業界について学び，情報の品質について考えることも，この章の目的です。

　「紙」の新聞を読むことは大切です。残念なことに，それを認識する大学生はあまりいないのかもしれません。多くの大学生は，ネットで十分だと考えているようです。たしかに，ネットには自分の欲しい情報を効率的に収集できる側面があります。しかし，それだけに頼ってはいけません。ネットの情報には，不確かなものが紛れているからです。新聞には，その点で分があります。ただし，新聞にも偏りがあるのです。この偏りを承知の上で使用しなければ，それを活用する人も偏った意見を持ってしまいます。偏りを確認するために，この章では全国5大紙を比較します。比較することで，見えていなかったものが見えるようになるのです。

　情報を収集すること，吟味することは重要です。この章の最後では，あるべき情報収集について考え，みなさんが享受できるメリットについて検討します。

そして，新聞を読むことが「なぜ，必要なのか」についての答えを見つけてもらいたいと思います。

1 新聞業界の置かれている状況

　世の中の動きに関する情報を入手するには，さまざまな手段があります。たとえば，ネットのニュース，テレビ，新聞，雑誌などのメディアが代表的な存在です。みなさんのニュースソースは，スマートフォンを利用したものが多いかもしれません。これらメディアの情報は，すべて誰かが取材して記事を書いています。ネットに載っている記事の大半は，新聞社，通信社，テレビ局などの記者が書いたものです。

　ユーザーは，多数のネット記事を無料で活用することができます。たいへん便利な世の中になったものです。しかし，誰が記者の給料を払っているのでしょうか。言い換えれば，記者が働く新聞社などは，どうやって収入を得ているのでしょうか。

新聞社の収益源

　日本新聞協会のウェブサイトを確認すると，新聞社のカテゴリー別の収入を確認することができます。表 3-1 は，2018 年度の新聞社の収入構成を表したものです。

　総収入を 100 とすると，新聞の販売収入が 56.8，広告収入が 19.8，その他収入が 21.3 となっています。これらの数値を追跡すると，次の 3 つのことが確認できます。第 1 に，新聞社でありながら新聞の販売収入が 6 割に達していま

表 3-1 ■ 新聞社の収入構成 (調査社平均)

(単位：%)

販売収入	広告収入	その他収入	営業外収入	特別利益
56.8	19.8	21.3	1.4	0.7

（出所）　日本新聞協会ウェブサイト「調査データ」（発行規模別収入構成・費用構成）。

せん。第2に，スポンサーの出す広告収入が約2割となっています。第3に，その他収入には，不動産賃貸料などが含まれます。たとえば，朝日新聞社は不動産事業が大きな収益源になっているようです。その他収入がさまざまな項目の合計だととらえれば，広告収入が新聞の販売収入に次いで重要な収入源であることがわかります。新聞の紙面で広告が大きな面積を占めているのも理解できます。

変化するメディア別広告費

　図3-1は，メディア別広告費の推移をグラフ化したものです。はっきりとした傾向が出ています。新聞に使う広告費が，一貫して低下傾向を示しているのに対し，一貫して上昇傾向を示すのは，ネットの広告費です。2008年に第2位だった新聞は，2009年にネットの広告費に逆転され，その差はますます広がっています。2019年に至っては，圧倒的な格差が存在します。広告費を使うスポンサーが，新聞よりもネットを重要視していることがわかります。

図3-1 ■ メディア別広告費（構成比）の推移

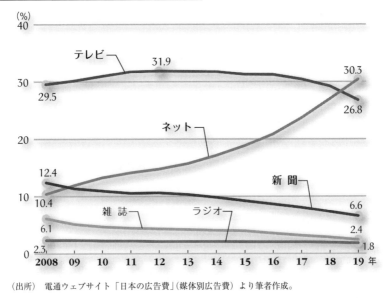

（出所）　電通ウェブサイト「日本の広告費」（媒体別広告費）より筆者作成。

もう 1 点注目すべきことがあります。テレビに使用される広告費が 2012 年に頭打ちとなり，少しずつ低下してきていることです。構成比で約 3 割が維持されていると見ることもできますが，2019 年にはついにネットに使用される広告費に逆転されました。広告の世界では，ネットが主流になっていることがよくわかります。

新聞の発行部数が減っている

スポンサーが広告費を新聞から別のメディアに振り向けています。新聞の持つ影響力の減少，つまり発行部数が減少しているためと考えていいでしょう。表 3-2 は，最近 10 年間の新聞の発行部数を示しています。明らかに減少してきています。とくに，2014 年に − 268 万部（対前年）と大きく減少しました。これは，有名な「ダブル吉田事件」が原因といわれています。ダブル吉田事件とは，朝日新聞による誤報発覚事件のことです。従軍慰安婦報道の根拠とされた吉田清治の話と，東日本大震災のときの福島第一原子力発電所所長・吉田昌郎の撤退命令がともに誤報だったことが明らかになり，朝日新聞だけでなく新聞全般に対する信頼が失墜しました。社会的信用の高い新聞社が誤った報道をしたのですから，発行部数が減るのもやむをえないでしょう。しかし，2018 年と 2019 年にも，連続して 250 万部を超えて減少しています。誤報問題とは異なる大きな流れが存在するようです。

一方，日本の新聞社は，世界の中で見ると発行部数がとても多くなっています。全国 5 大紙の中では，産経新聞が一番小規模ですが，それでも 100 万部を超える発行部数を誇る大新聞社です。日本の新聞社の発行部数が多いのは，国が新聞社の統合を強制したためといわれています。第二次世界大戦下，紙が不

表 3-2 ■ 新聞の発行部数の推移

（単位：千部）

	2010 年	2011 年	2012 年	2013 年	2014 年	2015 年	2016 年	2017 年	2018 年	2019 年
発行部数	63,199	61,581	60,655	59,396	56,719	55,121	53,690	51,829	48,927	46,233
対前年	−1,881	−1,618	−926	−1,259	−2,677	−1,598	−1,431	−1,861	−2,902	−2,694

（出所）　日本新聞協会ウェブサイト「調査データ」（新聞の発行部数と普及度）より筆者作成。

足したことや情報統制を容易にすることなどを意図して，全国紙と1県1紙に再編されたことがありました。日本では新聞社の大規模化が進んでおり，経営基盤の安定している新聞社が多いと考えられます。

　今後のことはわかりませんが，「新聞」がすぐに世の中から消えてしまうとは，現時点では考えにくいと思います。

2 新聞の眺め方

なぜ，ネットではなく新聞なのか

　毎朝，コーヒーを淹れながら新聞を広げてみます。「さあ，あの記事を読もう」と思うことは少ないものです。前日に大きなできごとがあると，翌朝の新聞に期待する場合があります。しかし，何気ないいつもの朝，とくに目的意識もなく広げるのが新聞です。ネットのニュースサイトも同じかもしれません。とくに目的意識もなく，何気なくスマートフォンを開くことでしょう。ただし，この2つのメディアは長所が異なります。ネットの場合，目的意識を持ってネット検索をすると，またたく間にさまざまな情報が集まってきます。この点は，紙媒体である新聞では太刀打ちできません。反対に，目的を限定することなく，広く情報を入手する場合には新聞が勝ります。

　新聞は，記事の見出しや配置が驚くほど工夫されています。新聞は，パッと見てどのような記事があるかの一覧性に優れています。記事の文字量＝面積の大きさで，どの程度重要なニュースなのかも一瞬でわかります。ネット上には，電子版の新聞もありますが，「一覧性」の点で紙媒体である新聞に分があります。視覚的に優れているのです。新聞紙面の構成に，注目してみましょう。

新聞紙面の構成

　みなさんが見る新聞は，何版でしょうか。新聞には「版」があります。新聞の右上または左上に「14版」と書かれていれば，朝刊の最終版です。印刷工場から離れた地域に新聞を届けるためには，輸送の時間が必要です。なるべく新しい情報を届けるために，輸送時間に合わせて版を分けて印刷するのです。その影響から原稿の締め切り時刻も変化します。最終版は，前日の事件をほと

んど掲載できますが，13 版以前の「早版」の締め切り時刻は早いため，掲載
できない事件が増えてきます。同じ新聞でも情報の鮮度に差があるということ
です。ちなみに，版の隣には，「××号」という通し番号がついています。大
ニュースのあったときに「号外」が発行されることがありますが，これは，通
し番号に含まれないという意味です。

　「○○新聞」とタイトルのある表紙がトップページであり，「1 面」と呼ばれ
ます。新聞では，ページ数のことを面と呼びます。1 面の右上にある記事がト
ップ記事であり，その日に新聞社として最も伝えたい内容です。紙面の左上に
配置されるのが「サイド」と呼ばれ，2 番目に重要な記事であることが多くな
っています。重大事件の起こったときは各紙のトップ記事が同じになることも
ありますが，通常は新聞によって異なります。つまり，トップ記事は新聞社ご
とに異なる考え方によって決定されるわけです。

おすすめ記事は見出しでわかる

　新聞の記事には原則として格付けがあります。スクープ記事もあれば，季節
の話題など緊急性を要しない記事もあります。さまざまな記事のおすすめ度合
いを「見出し」が示しているのです。

　新聞の 1 面を見てください。新聞の縦方向は「段」でレイアウトされていま
す。紙面の最下部にある広告欄を除いて，8〜12 段くらいで構成されます。見
出しに使われる段数が，その記事の格付けを表現しているのです。たとえば，
1 面のトップ記事は重要なものなので 4〜5 段の見出しがついていることが多
くなっています。一方，1 段の見出しは重要性が高くないことを表現していま
す。このような記事は「ベタ記事」と呼ばれます。また，黒地に白抜き文字を
使う見出しが用いられる場合もあります。見出しの段数だけでなく，さらに重
要度の高さを表現しているわけです。記事は，重要度にしたがって右上から左
下に向かって配置されます。

　複雑なレイアウトになっているのは，見出しに格付けの意味を持たせるため
なのです。このおかげで拾い読みが可能となり，一覧性が向上しています。つ
まり，すべての記事について一言一句を追うことなく，短時間で大量の情報に
接することができます。新聞は，見出しが命といっても過言ではありません。

ネットのニュースにはできない芸当ですね。

コピー情報の信憑性

みなさんがネットで見ているニュースは1次情報ですか。1次情報とは，自分の目で直接見て確認できた情報のことです。たとえば交通事故のニュースで考えます。記者がたまたま交通事故の瞬間に居合わせて目撃した情報は1次情報です。しかし多くの場合，それは困難です。通常は，交通事故の一報を受けてから現場に赴き，間に合えば事故に遭遇したドライバーから情報を得ることになります。これは2次情報です。そのドライバーから直接に情報を得られないこともよくあります。その場合，事故処理を担当した警察官に取材をします。警察官はドライバーから事情聴取をしていますので，その伝聞としての3次情報を入手することができます。記者がその情報をもとに記事にしたものが新聞に載ったとします。これは4次情報です。私たちが目にする情報は，すでに相当の伝聞が絡んでいるのです。ネットのニュースが，新聞の記事を要約したものであれば，さらに情報の次数が増しているかもしれません。当然に情報の質は落ちると考えてください。

みなさんは，スーパーマーケットでバナナを買うとき，鮮度を気にすると思います。腐っていないかどうか確認しますね。情報についてもそのような確認が必要です。ネットの情報は，ほとんどが伝聞です。伝聞とは，コピーです。友人の授業ノートを借りてコピーするとき，少しズレたり曲がったりしてきれいにコピーできないことがあります。しかし，授業の内容がわかれば事足りるので，あまり気にしないと思います。誰かのノートをコピーさせてもらったものをさらにコピーすると，文字や図表が読みにくくなったりします。ニュースも同じです。ネットの情報は，繰り返しコピーされた結果，事実が歪んでいる可能性があります。

トリプルチェックが高める確実性

新聞は，自社の記者が取材して事実を確認した上で発行されるのが基本です。少なくとも，3者が原稿をチェックしています。まず，新聞記者が取材して原稿にしたものが「デスク」にチェックされます。デスクは，編集者であり原稿

を直すプロ中のプロです。デスクの OK が出れば，原稿は「整理部」に回ります。整理部は，新聞全体の構成を取り仕切っている部署で，個々の記事に優先度をつけ，記事の見出しを決定する権限なども持っています。当然に記事の内容が吟味されます。整理部で原稿が紙面の形に組まれていくのと並行して，「校閲記者」が誤字・脱字や事実関係などをチェックします。一連の作業が，締め切りの時刻から印刷に入るまでの間で実施されるのです。ネットのニュースサイトがここまでのチェック体制を構築しているとは考えられません。

　情報ソースの出所が不明な記事は要注意です。とくに，ネットの情報で出所の記載のないデータなどは疑うべきです。新聞社は大企業です。信頼を失うような記事を書けば，その損失は計り知れません。築き上げた信頼を維持するためには，誤報を防ぎ記事の確実性に気を使うことになります。一方，ネットで誰が書いたか不明な情報は，危ないと考えてください。デマであっても失うものがないからです。誤報がないという過信は禁物ですが，新聞には一定の信頼を寄せることが可能だと思います。

3　新聞を比べてみよう

ある日の全国 5 大紙の事例比較

　全国紙と呼ばれる新聞は 5 つあります。発行部数の順に，読売新聞，朝日新聞，毎日新聞，日本経済新聞（以下，「日経新聞」といいます），産経新聞となっています（2019 年 1～6 月平均）。日経新聞は経済紙，その他の新聞は一般紙と呼ばれます。それぞれがメディアグループを組んでいます。在京テレビ局のチャンネル順に，日本テレビは読売新聞，テレビ朝日は朝日新聞，TBS テレビは毎日新聞，テレビ東京は日経新聞，フジテレビは産経新聞のグループ企業です。全国紙といわれるのにふさわしい影響力の大きな新聞です。

　図 3-2 は，全国 5 大紙の朝刊 1 面のレイアウトを比較したものです。記載するにあたり，新聞名をアルファベットの略称とし，濃いグレー部分は広告，薄いグレー部分は見出し，各記事を罫線で囲みました。空白の部分は，目次，天気予報，コラムなどです。

　新聞によって異なる部分がいくつもありますので，まずは外形的なことから

図 3-2 ■ 全国 5 大紙の朝刊 1 面比較 (2018 年 4 月 24 日 火曜日)

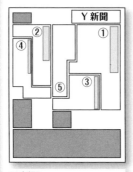

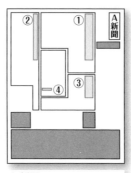

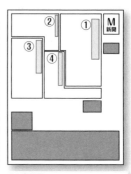

Y 新聞
朝刊 32 面　130 円
①：医療情報データベース
　　トップの見出しは 4 段
②：国際貿易問題
　　サイドの見出しは 3 段
③：首相への忖度疑惑問題
④：北朝鮮の核開発問題
⑤：季節の記事

A 新聞
朝刊 36 面　150 円
①：北朝鮮の核開発問題
　　トップの見出しは 4 段
②：中韓歴史問題
　　サイドの見出しは 4 段
③：海賊版サイト問題
④：季節の記事

M 新聞
朝刊 28 面　140 円
①：沖縄基地問題（工事費用）
　　トップの見出しは 4 段
②：沖縄基地問題（工事進行）
　　サイドの見出しは 2 段
③：健保組合解散危機
④：海賊版サイト問題

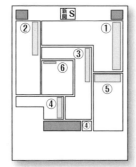

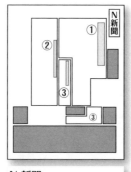

S 新聞
朝刊 28 面　110 円
①：五輪化学テロ対策
　　トップの見出しは 4 段
②：首相への忖度疑惑問題
　　サイドの見出しは 3 段
③：内閣支持率続落
④：内閣支持率各メディア調査
⑤：農業データベース
⑥：季節の記事

N 新聞
朝刊 36 面　160 円
①：個人型年金の運用
　　トップの見出しは 5 段
②：ロケット打上ビジネス
　　サイドの見出しは 4 段
③：海運 3 社大幅増益

確認しましょう。第1に，面数が異なります。A新聞とN新聞が最も多く36面，M新聞とS新聞が最も少なく28面，Y新聞が中間で32面です。面数は常に一定ではなく，その日の状況によって異なります。そのため，毎日同じ新聞を読んでいても，読み終える時間は異なります。

　第2に，価格が異なります。一番高いのがN新聞，一番安いのがS新聞です。全国5大紙の中で発行部数が一番少ないのがS新聞なので，価格には発行部数が影響するようにも見えます。しかし，最も発行部数の多いY新聞が，S新聞の次に価格が安いということは，価格政策の問題ととらえたほうがいいかもしれません。

　第3に，広告欄の違いがわかります。新聞社にとって広告収入が重要だということはすでに確認しました。1面は新聞の顔ですので，広告の価値も高いといえます。5紙のうち4紙は，1面の一番下の部分を中心に広告欄を大きくとっています。しかし，S新聞だけは異なります。発行部数が少ないことが影響しているのか，政策的なものなのか，判断しかねるところです。

　記事の取り上げ方を見てみましょう。前述の通り，1面の右上にはトップと呼ばれる最も重要な記事，左上にはサイドと呼ばれる次に重要な記事が配置されます。どの記事を重要と考えるかは，新聞社によって異なります。事例では，どの新聞も1面トップの見出しが4〜5段になっています。見出しの段数で記事の重要度が表現されているのです。N新聞は5段を使用していますが，他の新聞に比べてレイアウトの段数が多いためと考えれば，大きく異なる要素ではないといえそうです。

　この日のY新聞のトップは，「医療情報データベース」に関するものでした。他紙で1面に配置しているところはありません。A新聞のトップは，「北朝鮮の核開発問題」に関するものでした。サイドで「中韓歴史問題」を取り上げていますので，トップをサイドの記事が補っていると考えられます。北朝鮮の核開発については，ほかにY新聞だけが4番手で扱っていました。

　M新聞のトップは，「沖縄基地問題」に関するものでした。サイドでも類似の記事を取り上げていますので補完関係にあるといえます。他紙でこのテーマを1面に配置しているところはありません。S新聞のトップは，「五輪化学テロ対策」に関するものでした。他紙で1面に配置しているところはありません。

一方，サイドで「首相への忖度疑惑問題」を扱っています。かつ，3 番手と 4 番手に「内閣支持率」について，2 つの記事があることからすると，ある種のメッセージがあると考えられます。N 新聞のトップは，「個人型年金の運用」に関するものでした。他の記事を見ても，経済紙だけあって，他紙とは異なる傾向がうかがえます。

新聞は，公正中立か

　全国 5 大紙を比較すると，新聞によって紙面の組み方や記事の取り上げ方がずいぶん異なるものだと感じませんか。新聞は，不偏不党，公正中立というイメージがあるかもしれませんが，実際は違います。新聞社には，それぞれ主張があり，クセがあるのです。たとえば，朝日新聞は政府を批判する傾向が強く，産経新聞は保守的な主張をするといわれます。日経新聞は，特定の企業にとって有利な記事を書くことがあるといわれたりします。

　新聞の 1 面右上のトップには，その日の最も大切な記事が配置されます。ここに新聞社の考え方が出るのです。どの記事をトップに配置するかの選択自体が，考え方の現れとなります。また，同じ事件を報道する記事でも，新聞によって扱い方が異なる場合があります。そのため，新聞の内容を無批判に受け取ることは避けたほうがいいでしょう。複数の情報ソースを確認することで，情報の偏りを修正する必要があります。私たちは，それぞれの新聞の特徴を知った上で，新聞に書かれていることを読む必要があるのです。

4 新聞を読むメリットとは

　私たちの周りには，さまざまな情報ソースがあります。多少，使用料金のかかるものもありますが，割と自由に使うことができます。そこで，授業の中で大学生に次のような質問をしてみました。

大学生に聞いてみた

　情報収集は，どのようにあるべきですか。

　すると次のようなコメントが返ってきました。「情報収集は，集める人が一番やりやすい方法でいいと思います。無理に慣れていない新聞を使っても効率が悪くなると思います」。たしかに，慣れたものを使うほうが速いでしょう。しかし，便利で効率的なものだったらどうでしょうか。中高年でスマートフォンを使わない人がいます。みなさんからすれば，こんなに便利なものなのに，なぜ使わないのか理解に苦しむと思います。人によって理由はいろいろあるものの，「慣れていない」ことが大きいのかもしれません。

　他の大学生は「私としては，やはり新聞は“最新の主要な情報収集源”にはならないと感じました。ネットのほうが，手軽に多くの量を早く集められると思います。コストパフォーマンスの面からも」とコメントを寄せてくれました。いわれる通り，ネットは便利です。使ったほうがいいと思います。しかし，危険がともないます。とくに，情報の偏りをどのように防ぐかについて，真剣に考える必要があります。新聞各紙の比較は，その防止に役立ちます。

新聞は，就職活動の役に立つ

　ビジネスパーソンは，仕事で必要な情報を得るために新聞を読んでいます。当然，企業の採用担当者は，新聞を読んでいます。みなさんが就職活動をすると採用担当者に会うことになります。そのとき，どのような会話をするのでしょうか。テレビドラマやゲームの話で共有感を抱くことができないとはいいませんが，その可能性は高くないと思います。もし，みなさんが新聞を読んでいれば，情報ソースの一部が共有されることになります。つまり，新聞は共通の話題の供給源です。言い方を変えると，一種のコミュニケーションツールの役割を担ってくれるのが新聞なのです。

　新聞が就職活動における重要なツールだとした場合，相手に合わせて選択する必要があります。ビジネスパーソンの多くは，経済専門紙である日経新聞を読んでいるので，日経新聞を選択するのが無難といえます。一方，地元に帰って就職を考えるのであれば，地元で大きなシェアを持つ地方紙を読んだほうがいいかもしれません。

あなたが新聞を読む必要性について

　新聞を読むことは，みなさんにとって必要です。就職活動の役に立つことは事実ですが，それが一番の理由ではありません。みなさんは，ネットで必要な情報をとれると思っているかもしれません。しかし，ネット検索でヒットするのはキーワードに関連する情報だけです。ネットだけ見ていると，自分の知りたい情報を手に入れることで満足し，幅広い情報に接する機会を逃してしまいます。その点で，新聞は紙面の中にいろいろな情報が詰まっています。自分が興味を持った見出しの横にある記事が何かの役に立つかもしれません。

　ネットで検索をするとき，適切なキーワードを入力できないと，検索に時間がかかってしまいます。キーワードは自分の頭の中にあるデータベースに依存します。効率的なネット検索をするためには，頭の中にきちんとしたデータベースが必要です。これは，考える力を養うことと同じプロセスをたどります。

　新聞や本から得られた情報は，整理するプロセスを通してデータベースに定着します。考えることで情報は整理されます。繰り返し整理することで，使いやすいデータベースになっていくのです。これは，「訓練」です。自分を満足させるネットの情報だけでは，データベースが充実しませんし，考える力を十分に養うこともできません。あなたが新聞を読む必要性は，ここにあります。

　●こんなことも考えてみよう！

▶**1**　各新聞社のウェブサイトや有価証券報告書から，全国5大紙の発行部数と主な収益源を調べてみよう。次に，各新聞社の今後の勢力図について，考えてみよう。

▶**2**　大学の図書館で，全国5大紙のトップとサイドの記事について，見出しの文言と段数を確認しよう。次に，各新聞の違いについて，考えてみよう。

▶**3**　大学の図書館で，あなたの専攻する学問分野の蔵書数を調べてみよう。次に，自分が読むべき書籍を3冊選び，大学4年間で何冊読むかを考えてみよう。

◉参考文献

池上彰［2017］『考える力がつく本——本，新聞，ネットの読み方，情報整理の「超」
　入門』小学館文庫プレジデントセレクト。

立花隆［1984］『「知」のソフトウェア』講談社現代新書。

常見陽平［2015］『「就活」と日本社会——平等幻想を超えて』NHK ブックス。

電通ウェブサイト「日本の広告費」(https://www.dentsu.co.jp/knowledge/ad_cost/)。

日本新聞協会ウェブサイト「調査データ」(https://www.pressnet.or.jp/data/)。

畑尾一知［2018］『新聞社崩壊』新潮新書。

松本薫［2016］『新聞の正しい読み方——情報のプロはこう読んでいる！』NTT 出版。

第**4**章
労働の連鎖を追ってみる

ねらい

　私たちの社会は，人々の労働がつながることで動いています。その連鎖が 1 つでも途切れると，できるはずの製品ができなかったり，届くはずのものが届かなかったりします。

　新型コロナウイルス感染症の影響で，店頭からトイレットペーパーが消えたことがありました。その原因は，SNS に次のような不正確な情報が流されたことでした。「トイレットペーパーは中国で生産されており，中国からの物流が途絶えているので，そのうちにトイレットペーパーがなくなる」。これは，完全にデマでした。トイレットペーパーは，ほぼ 100 ％国内で生産されており，原材料も国内で収集された古紙です。生産設備に問題はなかったし，在庫も豊富にありました。しかし，不安に駆られた消費者は，トイレットペーパーの買い溜めに走りました。

　その後，トイレットペーパーの製造会社を取材したマスメディアは，いつも通りに生産されていること，そして倉庫には在庫が山積みになっていることを伝えましたが，店頭にはなかなか並びませんでした。その理由は，倉庫から各店舗に配送する物流が滞っていたことでした。ものはあっても，それが店舗に運ばれなければ，私たちの手元には届きません。労働の連鎖が途切れたために，私たちは必要なものを買うことができなかったのです。

　就職とは，この連鎖のどこを担うかを決めることにほかなりません。「世界は誰かの仕事でできている」といわれます。どんな仕事にも役割があり，意味

があります。でも，多くの人が担当できる仕事の価格（賃金）は低くなり，需要があるのにできる人がいない仕事の価格は高くなります。どのような仕事に就くかによって報酬に差が出るのは，厳然とした事実です。

　この章では，労働の連鎖を具体的に理解し，職業を選ぶとはどういうことなのかを考えてみたいと思います。労働の連鎖を，企業内，企業間，国際という3つの視点からとらえ，私たちの生活が，日本国内だけでなく海外の人たちの労働によっても支えられていることを確認しましょう。

1 企業内の労働の連鎖

　企業の中では，分業によってものやサービスをつくっています。たとえば，一定規模以上のレストランでは，注文をとる人と料理をつくる人が別になっています。小さなお店であれば，つくる人が客から注文を受け，自分でつくることも可能ですが，20席以上の規模になると，両者を分けたほうが効率がよくなります。レストランや居酒屋でアルバイトをしている学生のみなさんは，どのような分業が行われているか，ぜひ，確かめてみてください。

組織図は社内の分業体制を示すもの

　企業内の労働の連鎖を知るために，東京に本社を置く従業員数500人の製造企業を例に考えてみましょう。製造企業といっても，どのようなものをつくっているかで組織構成や人員配置が異なります。また，原材料の種類によっても，分業のあり方は変わってきます。ここでは，みなさんになじみの深い文房具製造会社A社を例に見ていきます。

　A社の組織図を図4-1に示しました。経営企画部，人事総務部，経理部，営業部，製造部という5つの部があり，それぞれの部に複数の課が置かれています。経営資源として，ヒト，モノ，カネ，情報という言い方がされますが，それぞれに対応した部や課があります。

人事総務部の仕事

　ヒトにかかわる仕事をしているのが人事総務部です。採用や配置，人材育成，賃金制度，福利厚生などを担当しているのが人事課であり，株主総会の企画・運営，備品の発注と管理，各種文書の保存・管理，社内報の作成などを担当しているのが総務課です。人を採用すると，労働条件の明示，就業規則の説明，社員証の発行，社会保険や労働保険の手続きなど，必ずしなければならない一連の業務があります。また，仕事の成果を評価して毎月の給与やボーナスを決める制度の設計，日々の勤怠管理，人材育成計画の立案と実施も人に関連する業務です。それらを一手に引き受けているのが人事課です。

　総務課の英語名称は，Department of General Affairs です。General Affairs とは諸事一般という意味で，担当が明確に決まっていない業務が回ってくるのが総務課です。総務課の大切な仕事の 1 つに株主総会の企画・運営があります。A 社は株式会社なので，年に 1 回，必ず株主総会を開いて会社の状態を説明し，今後の経営計画を株主に承認してもらうことが必要です。株主に対する情報提供（IR：investor relations）も重要な業務です。

　対外的な窓口になるのも総務課です。マスメディアの取材依頼があったり，消費者から問い合わせがきたりしたとき，最初に対応しています。社内の備品管理も総務課が担当しています。蛍光灯が切れたら取り替える必要があります

図 4-1 ■ A 社の組織図

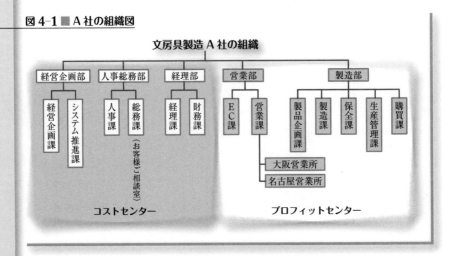

し，エアコンが壊れたら外部の業者に修理依頼をするのも総務課です。諸々のことを引き受けているので，「何でも屋さん」と呼ばれることもあります。

ものづくりを担当する製造部

製造部には，どのような製品をつくるかを立案する製品企画課，実際に文房具をつくっている製造課，機械設備の修理を担当する保全課，生産計画をつくったり生産方法の改良を立案・実施したりする生産管理課，原材料を他企業から調達する購買課があります。

製品企画課の役割は，現行製品の改良と新製品の企画です。営業部から入ってくる顧客の声をもとに，現在製造している製品を改良していきます。筆入れのジッパーが開けづらいとか，ノートの罫線の引き方をこうしてほしいといった声はとても貴重です。総務課の中にある「お客様ご相談室」に寄せられる意見も製品改良に役立ちます。顧客の要望は新製品開発にも活かされます。同種の他社製品と比べながら，新製品にどのような特徴を持たせるかを決めていきます。

製造課では，月次の生産計画に応じて人員の配置を変更します。生産計画は，営業部に入ってくる注文をもとに生産管理課が決めています。需要に関係なく製品をつくると，在庫が増えて経営を圧迫するので，いま求められている製品に重点を置きながら生産します。生産計画に応じて人の配置を柔軟に変えられるのは，複数の作業に対応できる作業者（多能工）がいるからです。多能工を増やすために，製造課独自の人材育成計画をつくって実行しています。

機械設備は，使い続けていると，部品の摩耗などが原因で不具合を起こすので，それを防ぐために定期的なメンテナンスが必要です。決められた箇所に油を差すとか，機械の掃除を丁寧に行うといったことを続けていると，不具合が起こりにくくなります。しかし，一定期間使用すると，分解して部品状態を調べ，摩耗が激しい部品については交換するという作業をします。これが定期点検とかオーバーホールと呼ばれるものです。この業務を担当しているのが保全課の人たちです。

生産管理課の仕事は，生産計画をつくるだけではありません。生産設備の改良や買い換え，生産手法の改善などの業務を担っています。これらは，主とし

て，技術者（エンジニア）の仕事になります。

　文房具を生産するには材料が必要です。ノートであれば紙や糊，筆入れであれば布やジッパーなど，生産物に合わせた材料を別の会社から購入しなければなりません。どのような質の材料をどれだけ買わなければならないかは生産計画で決まりますが，どの会社から買うかは材料を売っている会社との交渉になります。それらを担当するのが購買課の仕事です。

顧客に製品を届ける仲介役としての営業部

　営業部には，インターネット経由で顧客に直接商品を販売する EC（e-commerce）課，問屋や大手小売店に商品を販売する営業課，そして，名古屋と大阪の営業所があります。インターネット経由の販売は，顧客と直接つながることができるので，企業にとって魅力的です。しかし，きめ細かな対応を求められるため，取り扱い量は決して多くありません。直販以外に Amazon や楽天などを通じた販売も行っています。

　大手小売店とは直接取引をしています。バイヤーと呼ばれる人たちに新製品を紹介し，店頭に置いてもらうように交渉します。町の文房具屋には問屋を通して商品を流してもらっています。

　営業部の大切な役割は，顧客の声をつかんで製品企画課に伝え，より魅力的な商品の開発に役立ててもらうことです。製品の長所や短所を一番よく知っているのは，実際に文房具を使ってくれている顧客たちです。自社の製品が売られている現場に行き，顧客の購買行動を観察したり，店頭アンケートを実施したりして，顧客のナマの声を集めています。

カネの面倒を見ている経理部

　企業経営にとって，カネの動きはとても大切です。売上の動向，利益の状態を把握しているのが経理部です。四半期ごとに決算報告作成，年次決算などの財務会計を担っています。また，製品企画課が「新製品製造のために設備投資をしたい」という計画を出してきたときは，経営企画部と相談しながら資金調達計画をつくります。株式を追加で発行（増資）して投資資金をまかなうのか，銀行から借り入れるのか，あるいは内部留保（企業自らが蓄えている資金）を使

うのか，そのときの資金状況に合わせて案をつくり，経営者が最終的に判断します。

会社の将来を考える経営企画部

　経営企画部の役割は，会社のこれからのあり方を考えることです。現在の事業内容のうち，継続していく部分と変革していく部分を決め，変革する部分についてはどう変えていくのを考えます。会社の将来を決めるのは経営者の役割ですが，経営者が的確な意思決定ができるように，必要な情報を収集・分析することが，経営企画部には求められます。

　経営企画部の中にシステム推進課があります。経営効率を上げるためにIT技術を駆使して企業運営を行っていくことは，重要な経営課題です。顧客からの注文を営業アシスタントが入力し，瞬時に製造部に送ります。製造部では，その情報をもとに生産計画へと展開していきます。製造ラインでは，作業指示や品質保証までもが同じシステムでできる仕組みになっています。受注から生産・出荷まで一貫したシステムで管理することにより，効率化や少人化を実現しています。

　以上，A社を例に企業内の分業について述べてきました。500人の従業員1人1人が自分に与えられた役割を果たさないと，よい製品はできないし，顧客に喜ばれる新製品もつくれません。製造部門や営業部門をプロフィットセンター（収益を生み出している部門），経営企画部や人事総務部，経理部をコストセンター（売上には直接関係していない部門）と分類することがありますが，両者の間に優劣があるわけではありません。コストセンターに分類される部門の従業員が仕事をしているから，プロフィットセンターの従業員がそれぞれの業務に集中できるのです。まさに，労働の連鎖によってA社の製品が生み出されていることがわかります。

2 企業間の労働の連鎖

「B to B」企業の重要性

　労働の連鎖は，企業間にも存在します。「B to B」(business to business) や「B

to C」(business to consumer) という言い方を聞いたことがあると思います。私たちが普段，目にしているのは「B to C」，すなわち消費者に財やサービスを提供する会社です。ところが，ものづくりをしている会社の大半は，他の会社でつくられた部品を購入して自社の製品をつくっています。たとえば，ペットボトルの飲料を生産している会社は，ペットボトルの容器・蓋・胴体に貼るシールなどを他社から買い入れ（B to B)，自社でつくった飲料を詰めて消費者に提供しています（B to C)。

　他社から購入している部品が1つでも欠けると，最終製品はつくれません。2011年3月に起こった東日本大震災のとき，ペットボトルの蓋をつくっている会社が被災し，蓋の供給が止まりました。すると，コンビニエンスストアやスーパーマーケットの店頭からペットボトル入りの飲料が姿を消しました。飲料，ペットボトル，シールなど，最終製品に必要なものはすべて揃っていたのに，蓋がないために最終製品をつくれませんでした。労働の連鎖が途切れてしまったのです。

　どうにか連鎖を早く元に戻さなければと企業がとった対応は，すべての蓋を白無地のものに統一するということでした。震災の前は，青，黒，赤，緑やオレンジなど，商品イメージに合った色の蓋が使われていました。形も微妙に異なるものがありました。それらを白に統一することで生産効率を上げ，供給能力を上げる対応策をとったのです。そのおかげで，ほどなくして，市場にペットボトルが戻ってきました。1つ1つの営みがきちんとつながることで，私た

Column 2 ■ B to B企業は面白い！

　B to B企業の製品が，みなさんの目に触れることはあまりありません。たとえば小型のモーターは，駅にある自動改札機や，銀行のATM，病院のCTスキャン，回転寿司のレーンなどに使われています。大きな装置の中の部品の1つですが，それがないと装置は動きません。そういった意味で，見えないところで世の中を動かしているともいえます。就職活動のときは，名の知れた会社だけでなく，B to B企業を調べてみると，隠れた優良企業に出会えるかもしれませんね。

ちは快適な暮らしを送ることができるのです。

　この節では，自動車製造企業と部品製造企業の関係から，企業間の労働の連鎖を考えます。

日本の自動車製造企業と部品会社の関係

　ガソリンエンジンやディーゼルエンジンを動力機関にしている自動車は，2万～3万点の部品を組み付けてつくられます。最近注目されている電気自動車の部品点数は大幅に少なくなりますが，現在の生産の中心はエンジンを搭載した自動車です。

　トヨタ自動車や日産自動車などの完成車メーカーは，企業内部で生産している部品と部品製造企業から購入した部品を組み合わせて自動車をつくっています。部品会社から調達する割合は，企業によって異なりますが，金額ベースで50 ％程度だといわれています。私たちが「あれはトヨタの自動車だ」と思っている車の中に，トヨタ以外のたくさんの部品会社が生産した部品が搭載されているのです。一方，アメリカの自動車会社は，基本的に自社内の工場で部品を生産しており，一部の部品だけ外部から購入しています。部品会社との広範な協業によって完成車を生産しているのが日本の自動車会社です。

他社製品が生産工程を支えている

　図 4-2 は，自動車の製造工程を表したものです。自動車のボディは，プレス，溶接，塗装の工程によってつくられます。製鉄会社から購入した鉄板（高張力鋼板）を適当な大きさに切断した後，プレス機で成形し，それを溶接してボディの原型をつくります。この工程には，多数のロボットが使われていますが，その大半はロボットメーカーとの共同開発でできたものです。

　溶接によってでき上がったボディは，塗装工程に送られます。錆止めのための塗装，溶接部分から雨などが浸入しないようにするシーリング，鉄板を保護し，見た目の美しさを実現するための重ね塗りなど，ここでもたくさんのロボットが活躍しています。同時に，塗料メーカーの製品（塗料）も重要な存在です。塗料メーカーは，自動車会社の要求に合わせて，さまざまな種類の塗料を開発し，生産しています。

　ボディができ上がると，ドアが外され，パワーウィンドーやドアミラー，スピーカーを組み付ける工程に送られます。本体には，エンジン工場で組み立てられたエンジン，インストルメントパネル（スピードメーター，タコメーターなどが組み込まれたもの），シート，タイヤなどが取り付けられ，別ラインで組み立てられたドアと合体して，自動車が完成します。

　最後に待っているのが完成検査です。エンジン，ライト，方向指示器，塗装の状態など厳しい検査がなされます。不具合が見つかると，専門の調整員が手直しします。こうして，1台の自動車ができ上がるのです（ホンダ・ウェブサイトを参照）。

新車開発に部品メーカーのエンジニアが参画する

　自動車には2万〜3万点の部品が使われていることはすでに述べました。自動車会社は，その部品1つ1つについて完璧な情報を持っているわけではあり

図4-2 ▓ 自動車の製造工程

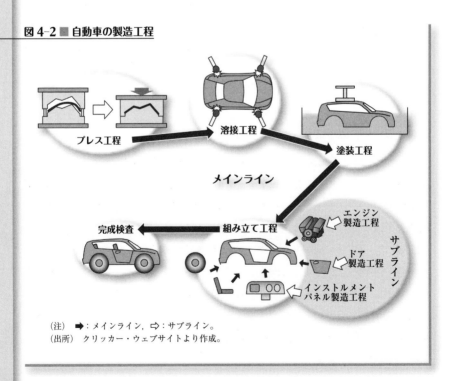

（注）　➡：メインライン，⇨：サブライン。
（出所）　クリッカー・ウェブサイトより作成。

ません。完成車メーカーが部品メーカーから部品を購入しているのは，コストの問題もさることながら，その部品に関する最先端の知見を提供してくれることを期待しているからです。

　部品メーカーには，その部品のことを専門的に研究しているエンジニアがいて，常に最新の知識・情報を収集しています。つまり，その部品については，完成車メーカーよりも部品メーカーのほうが豊富な情報を持っていることになります。

　完成車メーカーが新車開発を計画すると，重要部品を納入している部品メーカーのエンジニアが開発チームのメンバーに加わります。モデルチェンジの情報は，競合他社にとって喉から手が出るくらい欲しい情報です。モデルチェンジを検討するチームに複数の部品会社のエンジニアが加わることは，秘密が漏れてしまう危険性を高めます。しかし，そこには長期にわたる取引によって形成された信頼関係があります。秘密が他の完成車メーカーに漏れることは，まずありません。日本の自動車会社が高い品質の車を生産することができているのは，部品メーカーとの協業があるからなのです。

　以上，企業間の労働の連鎖を見てきました。1つの製品をつくるのに多くの企業がかかわっていることがわかったと思います。この労働の連鎖は，国境を越えて広がっています。次の節では，その点を検討してみましょう。

3　国境を越える労働の連鎖

　2020 年に世界中で蔓延した新型コロナウイルス感染症は，国際貿易にも大きな影響を与えています。たとえば，中国から部品が入ってこないために，マンションのリフォーム工事が遅れたり，パソコンの修理ができなかったりといった事態が連日のように報道されました。現代社会では，企業間の労働は国境を越えて連鎖しており，私たちの生活は他国の影響を大きく受けているのです。この節では，アパレル産業を例として国境を越えた労働の連鎖を考えます。

Made in Japan の意味

　みなさんが現在身につけている衣服は，国際分業の極致といってもいいくら

い，国境を越えた労働の連鎖ででき上がっています。仮に Made in Japan という タグが付いていたとしても，織布から染色，縫製，仕上げまでの全工程を日本国内で行っていることは，ほとんどありません。むしろ，大半の工程を海外で行っていながらも，最後の仕上げを日本で行うことにより，Made in Japan と表示していることが多いのです。

　衣服の製作工程は，①商品企画→②デザイン制作→③型紙（パターン）作成→④布の裁断→⑤縫製→⑥仕上げという順に進んでいき，最終的に店頭に並ぶ製品ができ上がります。

　商品企画は，どのような商品を，どの消費者を対象として，どれくらいの小売価格で，何着販売するかを決めます。ファッションには流行があり，それをしっかりつかんでいないと，よい商品をつくっても売れないことになります。商品製作の基本方針を受けて，デザイナーが衣服のデザインを描きます。デザイナーには，その衣服をどのような素材でつくりたいかという思いがありますが，それが常に通るとは限りません。販売価格によって，素材や工程がある程度決まってくるからです。商品企画とのやりとりを経て，デザインが決まります。

　このようにして決められたデザインは，パタンナー（型紙をつくる人）に送られ，パタンナーは型紙をつくります。型紙は平面ですが，衣服をまとう身体は立体です。デザイナーが思い描いた衣服に仕上げていくには，複数のパーツに分けて，それを縫い合わせていく必要があります。パーツが多くなると，でき上がった製品の質は高まりますが，工程が複雑になるため，コストが上がります。仕上がりの美しさと適正なコストに抑えることの両立が求められます。

　こうしてつくられた型紙のデジタルデータが海外の縫製工場に送られ，布を裁断します。この工程はコンピュータで管理されており，できるだけムダを発生させないように裁断がなされます。裁断されたパーツを縫い合わせて，徐々に衣服ができ上がっていきます。布の素材によって，縫製の難易度が変わります。比較的簡単な素材であればバングラデシュの縫製工場で対応可能ですが，一定の技術を要する場合は，経験のある中国の縫製工場に依頼します。発売日が決まっているので，必ずこの日までに完成させなければならないという納期があります。織布の遅れや染色のトラブルなどで遅れが発生することがあり，

後工程にしわ寄せがいきます。時間が限られた中で納期を守ってもらうには，長期の信頼関係構築が大切です。

仕上げは日本で行う

　仕上げの工程は，その衣服の価格とどの国の市場で売られるかで担当する工場が変わります。低価格品であれば，海外の工場で対応しますが，一定以上の価格の商品を日本市場で販売する場合は，日本の工場で仕上げをします。それは，日本の消費者は，細部に気を配っている製品を求める傾向が強いため，縫い目が少しでも曲がっていたり，均一でなかったりすると，直ちにクレームになるからです。

　以上述べてきたように，一定価格以上の製品を日本市場で販売する場合，①商品企画，②デザイン，③型紙作成を日本で行い，④布の裁断と⑤縫製は海外の工場が担当し，⑥仕上げを日本で行うという生産方法がとられています。国境を越えた労働の連鎖で1枚の衣服ができ上がっていくのです（FASHION BIZ NAVI ウェブサイトを参照）。

4　連鎖のどこを担うのかが職業選択

　前節までに見てきたように，労働の連鎖が1つでも途切れると，社会は正常に機能しなくなります。自動車の生産において，部品が1つでも所定の時間に届かないと，生産ラインは止まってしまいます。衣服の生産においても，縫製の1工程が滞ると，予定通りに製品を店頭に並べることができなくなります。

　どんな仕事にも意味があるのですが，誰でもできることを職業にする場合と他の人ができないようなことを職業にする場合とでは，得られる収入が異なります。「余人をもって代えがたい」という表現があります。困難な状況に直面したとき，「この人に頼むしかない」という能力を持っていれば，周囲の人たちから頼りにされ，企業も高い処遇を用意して，その人が他社に移らないようにします。

　他の人にできないことができるようになるには，それなりの訓練が必要です。上司・先輩から厳しく指導され，時には失敗も経験しながら，少しずつ能力が

高まっていきます。それは，決して楽な道ではありません。辞めたいと思う瞬間が何度も訪れると思います。しかし，目の前に立ちはだかる壁を乗り越えていかなければ，他人から一目置かれる職業人にはなれないのです。

　スポーツをしてきた人であれば，次のような経験をしたことがあると思います。最初はできなかったことが，練習を重ねるうちにだんだんとできるようになり，ついには自分の得意技になる。練習はつらいけど，それを乗り越えた先に素晴らしい世界が待っている——それを信じて頑張ってきたと思います。仕事においても同じことがいえます。

　世の中には，じつにさまざまな仕事があります。そのどれを自分の仕事とするのかを考えるとき，ぜひ，この章で学んだ「労働の連鎖」を参考にしてください。みなさんが就く仕事には意味があり，それらがしっかりとつながることで私たちの社会は成り立っています。「この仕事なら，少々つらいことがあっても頑張れそうだ」という「鎖の１つの輪」を見つけてもらいたいと思います。

○こんなことも考えてみよう！

▶**1**　コンビニで売られている「明太子おにぎり」があなたの手元に届くまでに，どれくらいの人がかかわっているかを調べてみよう。

▶**2**　B to B 企業と B to C 企業について，あなたが考える「それぞれのよいところと違い」をまとめてみよう。

○参考文献

クリッカー（cliccar.com）・ウェブサイト「【自動車用語辞典：製造技術「概説」】製造技術の進化があってこそクルマは進化する！」（https://clicccar.com/2019/09/25/914135/）。

ホンダ・ウェブサイト「クルマができるまで」（https://www.honda.co.jp/kengaku/auto/）。

FASHION BIZ NAVI ウェブサイト「図解・ファッション・ビジネスのしくみ」（http://www.fashionbiznavi.org/fbAll/fbSystem/）。

ねらい

　アルバイトの大学生も労働者です。労働者であれば，労働法で保護されることになります。法律の専門家のように法律を詳細に知る必要はなくとも，基本的なルールを知らなければ損をすることがあります。労働基準法など，働く上での権利と義務については，基本的な知識を持っていると役に立ちます。正社員やアルバイトなどの違いにかかわらず，一度理解すれば大学を卒業した後も継続して使えるものになるのです。この章では，労働者として知っておくべき最低限の情報を確認し，自分の権利を守る術を身につけます。

　前章で，仕事をするということは，連鎖する労働の一部を担うことであると学びました。そこには，正社員やアルバイトなどの違いを超えた尊いものが存在します。その上で，アルバイトという就業経験が，大学生の就職活動の役に立つか否かについて考えます。ここでは，私たちの生活に欠かせないコンビニエンスストアのアルバイトを事例として，アルバイトの意味を考えたいと思います。

　非正規社員と呼ばれる労働者の割合が上昇し，約４割に迫っています。これから就職する大学生にとっては，正社員ではない働き方も存在します。どのような形で働くとしても，個人の選択の問題です。しかし，能力開発の機会という視点で見ると，一定の制約が存在することに気づきます。この章の最後では，年齢と雇用形態，加えて能力開発の機会について考えます。

1 労働法超初級編

労働法って何だろう：労働法の役割

　労働とは何か。難しく考える必要はありません。お金をもらって働くことです。この点において，アルバイトと正社員は同じといえます。働く人は，労働法によって保護されています。アルバイトだからといって遠慮する必要はありません。アルバイト先との約束を果たしていれば，権利を主張することは当然のことです。正しい知識を持つことで，はじめて権利を主張することができます。そのため，アルバイトをする大学生にとって，労働法は必須の知識となります。

　労働法といっても，「労働法」という名前の法律があるわけではありません。雇用・労働問題に関するたくさんの法律をひとまとめにして「労働法」と呼んでいます。詳しく知らなくとも，労働基準法は知っているでしょう。会社も労働者も労働契約を結ぶ自由があります。しかし，まったくの自由にしてしまうと，立場の弱い大学生は低賃金や長時間労働など劣悪な労働条件で働かされるかもしれません。そうならないように，労働者を保護するために存在するのが労働法なのです。

アルバイトだって労働契約：時給は文書で確認

　みなさんは，アルバイトを始めるときに何か書類をもらっているでしょうか。書類をもらっていなければ，勤務日や時給など，アルバイトとして働くにあたっての諸条件について確認することが難しくなります。「言った，言わない」のトラブルで，思っていたよりも低い時給になってしまうかもしれません。こんなことがあったら，困ってしまいます。働く前に確認が必要です。そのためのルールが労働基準法に定められています。雇う側は，「労働契約の締結に際し，労働者に対して賃金，労働時間その他の労働条件を明示しなければならない」ことになっています。そして，書面で明示する必要のある事項として，次の6項目が定められています。

① 契約期間

② 契約更新の基準

③ 仕事の場所と仕事の内容

④ 仕事の始めと終わりの時刻，残業の有無，休憩・休日・休暇，シフト勤務

⑤ 賃金，計算と支払いの方法，締め切りと支払い日

⑥ 退　職

　これらの項目を記載した書面が，労働契約書です。雇う側が労働者に対して発行する義務を負っているので，「労働条件通知書」と厚生労働省は呼んでいます。雇う側は，労働契約で定めた給料を払い，みなさんはその指示にしたがって誠実に働くことを約束するわけです。アルバイトだからといって，このプロセスをないがしろにしてはいけません。ないがしろにしたときに困るのは自分自身です。大切な書類ですから，きちんと確認する必要があります。

時給の高いアルバイトの探し方：最低賃金を確認

　みなさんは，アルバイトをどのように選ぶのでしょうか。とくに経験してみたい仕事があれば別の話ですが，なるべく時給の高いものを選ぼうとするはずです。アルバイトの時給はどのように決まっているのでしょうか。需要（求人）と供給（応募）で決まるというのが一般的な説明です。しかし，求人が少なくて応募者が多いと，時給が 300 円なんてことがあるかもしれません。これだと時給が低すぎます。不当に低賃金にならないようにするため，最低賃金法が定められています。雇う側は，定められた最低賃金額以上の賃金を支払う義務を負っています。仮に，最低賃金額に達しない労働契約を結んだ場合には，その部分について無効となります。「無効となつた部分は，最低賃金と同様の定をしたものとみなす」ことになっているのです。最低賃金は，都道府県別に定められ，毎年 10 月に見直されることになっています。2020 年 10 月に発効した最低賃金額は，902 円（全都道府県の加重平均）となっており，毎年のように引き上げられています。

　たとえば，千葉県に居住する大学生が東京都内の大学に通っている場合，千

葉県と東京都のいずれで働くのが収入面で有利でしょうか。交通の便も気にするでしょうが，時給の水準も重要な決定要素になるはずです。「アルバイトの時給＝最低賃金」ではありませんが，都道府県別に定められた最低賃金は地域相場を反映しています。千葉県の最低賃金は 925 円であり，東京都は 1013 円です（いずれも 2020 年 10 月時点）。両者の差は 88 円であり，10 時間の労働時間で 880 円，20 時間で 1760 円の差がつきます。最低賃金が気になるのは当然ですね。

2 知っていないと損をする労働法

賃金支払いの 5 原則

　給料の一部が，お店の商品券で支払われたらどうしますか。困りますね。そのほかにも，勝手に友達に支払われたり，アルバイト先での商品の購入代金が勝手に給与から天引きされたり，ある日突然に給料日が変更になったりしたら，たいへん迷惑です。労働基準法は，給料のことを「賃金」と呼び，次の 5 つの原則を定めています。

　　① 　通貨払いの原則
　　② 　直接払いの原則
　　③ 　全額払いの原則
　　④ 　毎月 1 回以上の原則（給料日について）
　　⑤ 　一定期日払いの原則

　これらのルールのおかげで，毎月定期的に賃金の全額が，個人の銀行口座に振り込まれることになります。一般的に，賃金は銀行振込になっていると思いますが，直接手渡ししていないため「②直接払いの原則」に反するともいえます。じつは，銀行振込は直接払いの例外であり，個人の同意が必要とされています。仮に，本人が銀行振込ではなく，現金で賃金の支払いを希望した場合，会社はこれを拒むことはできません。

　では，アメリカ資本の会社が賃金をアメリカドルで支払うことは可能でしょ

うか。日本の通貨は「円」ですので，外国の通貨で支払うことはできません。仮に外国の通貨で支払われた場合には，為替差損の問題が発生する可能性があります。普段，何気なく受け取っているアルバイトの給料にも，きちんとしたルールがあることを知っておかなければなりません。

理不尽な働き方はお断り

「ブラック企業」という言葉があります。満足な休憩時間がなく，長時間働かされ，休日がほとんどない会社が該当します。大学生が就職活動をするときに，ブラック企業を避けるのは当然のことです。アルバイトも同様であるはずです。労働基準法は，労働時間などについて，次のことを定めています。

①　1日の労働時間は，原則として8時間まで
②　労働時間が6時間を超えたら，休憩時間は45分以上
③　休憩時間は，自由に利用できること
④　毎週1回以上は，休日とすること

給料が高ければこのルールを守らなくていいということにはなりません。これらの規定は健康を害さないためのものであり，アルバイトや正社員という雇用区分にかかわらず適用されるものです。

残業代をきちんともらおう

大学生のアルバイトであっても，授業のない日は1日8時間を超えて働くことがあるかもしれません。長時間働くことになれば，労働者の健康に悪い影響を及ぼす可能性が高まります。そのため，労働基準法は1日8時間という原則を守らせるとともに，長時間労働の補償として，残業代に対する規制を設けています。みなさんは，残業のルールを知っておく必要があります。

たとえば，1日8時間を超えて働いているのに残業代を支払わない企業があるとします。これは法律違反です。労働基準法では，残業代のことを「割増賃金」と呼び，次の割増率で計算した時給単価に基づいて支払うことが定められています。

① 1日に8時間を超えた部分は，125％以上の時給単価

② 休日勤務は，135％以上の時給単価（1週に1日も休めないとき）

③ 深夜勤務は，125％以上の時給単価（22時～翌朝5時）

　それぞれの割増率が「以上」となっている通り，会社によって割増率は異なります。ただし，アルバイトの場合には法律が求める最低の基準で支払っている会社がほとんどです。なお，深夜の残業は「残業（25％）＋深夜（25％）」となり，150％以上の時給単価とする必要があります。深夜勤務は，夜22時から翌朝5時までの時間帯に働くことをいいます。

UQ休暇とは

　あるテレビCMで「UQ休暇」という言葉を見かけたことがあります。省略して漢字で書くなら，「有休」または「有給」です。みなさんは，これを正しく書くことができるでしょうか。労働基準法には「年次有給休暇」と書かれています。労働条件通知書にある勤務予定の8割以上出勤したとき，仕事をしなくとも賃金が支払われるお休みのことです。アルバイトであっても年次有給休暇は付与されます。この休暇は賃金そのものといっても過言ではありません。このルールを知っていれば，会社に請求することができます。ぜひ知っておいてください。

　労働基準法では，入社から6カ月継続して勤務したとき，10日の年次有給休暇が付与されることになっています。そして，毎年少しずつ付与日数が増え

表5-1 ■ 年次有給休暇の比例付与日数

週所定労働日数	勤続年数							
	0.5年	1.5年	2.5年	3.5年	4.5年	5.5年	6.5年以上	
5日以上	10日	11日	12日	14日	16日	18日	20日	正社員と同じ
4日	7日	8日	9日	10日	12日	13日	15日	
3日	5日	6日	6日	8日	9日	10日	11日	
2日	3日	4日	4日	5日	6日	6日	7日	
1日	1日	2日	2日	2日	3日	3日	3日	

ていき，最高が 20 日です。ただし，これは 1 週間に 5 日勤務（完全週休 2 日制だと毎日出勤）する労働者が対象です。勤務日数の少ない労働者は，表 5-1 のように週所定労働日数に比例して増減します。

　たとえば，1 週間に働く日数が 2 日で，6 カ月継続勤務すると 3 日の年次有給休暇が付与されます。なお，アルバイトでも 1 週間に働く日数が 5 日になると正社員と同じ扱いになり，6 カ月継続勤務すると 10 日の年次有給休暇が付与されます。ここで「週所定労働日数」と書いているのは，前もって定められた 1 週間の労働日数を意味します。この日数は，労働条件通知書に書かれているものです。もし，アルバイトだから年次有給休暇はない，と会社からいわれたら，その会社は法律違反を犯していることになります。労働契約が書面になっていなければ，確認するよりどころがなくなってしまうので，労働条件通知書を書面で受け取って保管しておくことが必要です。

3　ブラックバイトに引っかからない

辞められないアルバイトと退職のルール

　アルバイトを辞めようと思っても，会社が辞めさせてくれないことがあります。人手不足の場合には，しばしば起こります。また，理由もなく辞めさせられることがあるかもしれません。こんなことが起こったら困りますね。一方，アルバイトをしている大学生が，ある日突然辞めてしまうかもしれません。こんなことがあったら，会社が困ることになります。退職に関するルールは労働基準法には書かれていません。じつは，民法や労働契約法に定められているのです。ここでは，退職のルールを確認しておきたいと思います。

　図 5-1 の通り，退職には 3 つの形態があります。第 1 に，辞職です。辞職とは，働いている側から一方的に仕事を辞めることです。いわゆる正社員（雇用期間の定めがない契約）は，退職の 2 週間前に申し出れば，たとえ会社の同意を得なくとも退職することができます。一方，アルバイトや契約社員（雇用期間の定めがある契約）の場合には，労働条件通知書に書かれている契約期間を満了するまで退職することはできません。なぜなら，「契約の期間」が重要な契約内容になっているからです。アルバイトや契約社員の場合には，契約期間が定

められているのが普通です。みなさんが労働契約を結ぶときには，いつまで働くのかについて，きちんと考える必要があります。

　第2の退職は，解雇です。解雇とは，会社側が一方的に雇用契約を解消することです。客観的に合理的な理由があれば，合法的に解雇をすることができます。法律で厳しく制約されているわけではありません。ただし，裁判所の判決が積み重なった判例法理による制約はあります。裁判になった場合に，裁判所が解雇の合法性を認めることは簡単ではありません。結果として，日本は，解雇規制の厳しい国だといわれています。

　第3に，合意退職があげられます。合意退職とは，働く側と会社側の双方が合意して退職することです。合意しているわけですから，通常，トラブルにはなりません。円満退職といえます。

　やむを得ない場合を除き，会社側が従業員を解雇することは問題ですが，働く側であるアルバイトが勝手に辞めてしまうのも問題です。法律にしたがうことは当然として，会社と合意して退職することが基本形であることを覚えておいてください。もし，不運にもトラブルになってしまった場合には，厚生労働省が都道府県ごとに設置している労働局の雇用環境・均等部，または，労働局や労働基準監督署の総合労働相談コーナーに相談するといいでしょう。労働問題に関するあらゆる分野について，専門の相談員が面談あるいは電話で受け付

図5-1■ 退職のルール

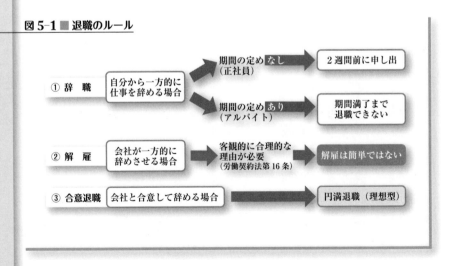

けてくれます。無料なので安心して活用できます。

ブラックアルバイターになってはいけない

　労働法は，アルバイトをする大学生を保護してくれるものです。しかし，法律を盾に会社を困らせていいわけではありません。たとえば，簡単に解雇できないことを逆手にとり，遅刻や無断欠勤，飲酒後の勤務，仕事中のスマートフォンの使用などは，明らかなルール違反です。

　労働法は，働く人を保護することが基本的な役割ですが，会社を守る場合もあります。たとえば，就業規則です。労働基準法は，常時 10 人以上の労働者を抱える会社に対して，就業規則を作成する義務を負わせています。就業規則は，労働者の賃金や労働時間を定めた職場のルールブックであり，無用なトラブルを防ぐために重要な存在です。多くの就業規則は，懲戒の定めを置いています。たとえば，飲酒をして仕事をしたときや仕事中に私用でスマートフォンを使えば，懲戒事由に該当し賃金を減額することができます。その程度が甚だしい状態にあれば，懲戒解雇をすることも可能です。ブラック企業が社会問題化していますが，みなさんがブラックアルバイターになってはいけません。

4 アルバイトと正社員は何が違うか

　ここまで，働く上での基本的な権利について確認しました。大学生がアルバイトをする場合でも，活用できる法律はたくさんあることが理解できたと思います。その上で，アルバイトは就業経験としてどの程度の意味があるのか，その経験は大学生の就職活動において，会社にアピールすることができるものなのかについて考えてみましょう。

　私たちにとってコンビニエンスストアは非常に身近な存在です。大学生のアルバイト先としても，イメージしやすいと思います。そこで，授業の中で大学生に次のような質問をしてみました。

大学生に聞いてみた①

　コンビニのアルバイトは，就業経験として評価できますか。

69

　すると，次のようなコメントが返ってきました。「世の中に役に立たない仕事などありません。コンビニのアルバイトは，重要な就業経験です。とくに，アルバイトを経験したことがない学生にとっては，とても有意義でしょう」。また，他の大学生は「私には，なぜこの疑問が出てくるのかわかりません」とご立腹の様子でした。どのように働くかは個人の選択の問題であり，他人からとやかくいわれる筋合いのものではないのかもしれません。

　一方，次のようなコメントもありました。「コンビニのアルバイトは，就業経験にはならないと考えます。とてもよい経験だとは思いますが，正社員と比べると簡単で，自分で考えてやるというよりも教えてもらったことをそのままやる，責任の軽い仕事だと感じます」。これは鋭い指摘です。コンビニ業界における店舗運営が，徹底してマニュアル化されています。驚くほど緻密で徹底したムダのない仕事で成り立っています。長年の経験や深い知識がなくともできる仕事といえるかもしれません。

　コンビニエンスストアのアルバイトは，はじめてアルバイトを経験する大学生にとっては，たいへん有意義なものになるでしょう。ムダのない店舗運営にきっと感動するに違いありません。しかし，しばらく経てばシステムの駒として，求められる行動が制約されることで，継続して面白さを感じることはできないかもしれません。仕事には，創意工夫があるべきだと考える大学生にとっては物足りないと感じるでしょう。これを読むあなたは，どちらの立場に近いでしょうか。アルバイトが，就業経験として評価できるか否かについては，それを見る人の立つ位置によって異なるといえそうです。

　会社の採用担当者の立場から見たら，アルバイト経験はどのように見えるでしょうか。マニュアル通りに実施する仕事に慣れている人を求めるのであれば，ムダのない店舗運営を経験した人材を欲しいと思うのかもしれません。他方，創意工夫をすることで会社を発展させる人材を求めるのであれば，コンビニエンスストアのアルバイト経験を高く評価しないと思います。あなたは，どちらのタイプの会社を就職先に選びたいと思いますか。

　授業の中でもう1つ，次のような質問をしてみました。

大学生に聞いてみた②

　一生，アルバイトやフリーターで働いてはいけませんか。

　すると，次のようなコメントが返ってきました。「全然いいことだと思います。逆に，なぜダメなのか聞いてみたいです」。一方，次のようなコメントもありました。「一生，アルバイトやフリーターでは，きちんとした教育を受けることができず，転職するときの強みがなく，仕事に就けなくなると思います」。なかなか鋭い指摘です。働き方に教育の視点が加わっているからです。教育は，投資といっていいでしょう（第 2 章参照）。投資をしない状態では，大きな回収は望めません。最初に投資をして，その後で回収することになります。大学卒業後の若いうちに教育投資をするから，その後で大きな回収が期待できるわけです。

投資と回収モデルで考える能力開発

　図 5-2 を見てください。能力の発達について 2 つのモデルを想定しています。左のモデルを「直線伸長モデル」と名づけました。年齢に関係なく能力は等しく伸びるものと考えています。たとえば，20～30 歳と 40～50 歳の，それぞれ10 年の投資期間では，どちらも等しく能力が伸びていることを表現していま

図 5-2 ■ 能力の発達モデル

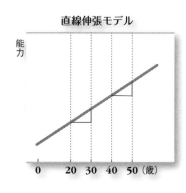
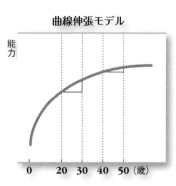

す。中高年で働く人からすると，こうありたいという声が聞こえてきそうです。

　右のモデルを「曲線伸長モデル」と名づけました。能力は，若いうちは相対的に伸びやすく，中高年になると能力の発達カーブは次第に緩やかになると考えています。先ほどの例とは異なり，20〜30 歳と 40〜50 歳の 10 年の投資期間では，能力の伸びが異なることを表現しています。一概にはいえませんが，40 代よりも 20 代の働く人のほうが，能力の伸びは高いように思えます。なぜなら，体力も能力の 1 つであることや，IT など新しい技術への適応力には，年齢によって差があると考えられるからです。この考え方が成り立つのであれば，一般的には「曲線伸長モデル」のほうに妥当性がありそうです。

　会社の視点に立ってみます。会社の持つ研修予算には限りがあります。会社に限らずともお金は効率的に使いたいと誰しも考えるものです。

　今ここに，20 代と 40 代の労働者が 1 人ずついるとします。会社はどちらの労働者に研修予算を使うでしょうか。図 5-2 の左側の「直線伸長モデル」であれば，年齢に関係なく能力は等しく伸びるので，どちらであっても会社が得られる利益に差はありません。一方，右側の「曲線伸長モデル」にしたがえば，20 代の労働者は，40 代の労働者よりも相対的に能力の伸びが大きいことになります。個人差はあるものの，20 代の労働者に研修予算を使ったほうがよさそうです。そして，20 代の労働者は 40 代の労働者よりも引退までの時間が長いため，投資に対する回収期間を長く確保することができます。ここでは，能力の質について吟味していないので，確定的にはいえませんが，20 代の労働者に教育投資をするほうが有利だといえます。

　次に，今ここに，フリーターと正社員が 1 人ずついるとします。どちらも 20 代の若者です。会社はどちらの労働者に研修予算を使うでしょうか。

　いわゆる正社員には契約期間が定められていません。双方に問題が生じなければ，定年年齢まで勤めることができます。正社員は，とても長く働くことを前提として雇用される人たちです。一方，いわゆるフリーターには，通常，契約期間が設定されています。ただし，契約更新を繰り返すことで長く働くフリーターもいます。契約期間満了の都度，契約の更新をするか否かを互いに判断することになります。この場合，契約更新の機会が毎年のようにあるので，正社員と比較すれば短い勤続期間になります。正社員が定年する年齢と同じくら

いまで継続して働くフリーターは，まずいないといえます。フリーターは，短期（1 年）から中期（3〜5 年）の間で働く人たちです。

　会社の視点に戻ります。限られた研修予算を使う場合，フリーターと正社員ではどちらの若者を対象者とすることが会社にとって合理的といえるでしょうか。勤続期間が長いことは，教育投資の回収期間も長くなることを意味します。長い分，会社に利益をもたらす可能性が高まります。

　以上のことを考え合わせると，フリーターよりも正社員であることのほうが，能力開発の機会に恵まれやすいと考えられます。また，40 歳くらいの人材と比較すれば，大学卒業直後のほうが能力開発の機会を得やすいとも考えられます。働き方は個人の選択の問題ではありますが，教育投資のタイミングと回収の視点を意識すると，20 代に訓練機会を得られるか否かがとても重要であることがわかると思います。

◯こんなことも考えてみよう！

▸**1**　厚生労働省のウェブサイトで，大学所在地と他の地域（居住地など）の最低賃金を調べてみよう。次に，最低賃金の水準の妥当性を考えてみよう。

▸**2**　「内定」とは法律上どのような状態かを調べてみよう（根拠の出所を明記すること）。次に，「内定取り消し」の扱いについて考えてみよう。

▸**3**　アルバイトと契約社員について，法律上どのような違いがあるかを調べてみよう（根拠の出所を明記すること）。次に，なぜ雇用区分の相違が存在するのか考えてみよう。

◯参考文献

安西愈［2013］『トップ・ミドルのための採用から退職までの法律知識（14 訂）』中央経済社。
安西愈［2016］『部下をもつ人のための人事・労務の法律（第 6 版）』日経文庫。
小池和男［2005］『仕事の経済学（第 3 版）』東洋経済新報社。
今野晴貴［2012］『ブラック企業』文春新書。
高橋恵子・波多野誼余夫［1990］『生涯発達の心理学』岩波新書。

第3部
キャリアを育む

第**6**章
働くことの意義
身近な人に聞いてみる

ねらい

　みなさんにとって，社会に出て働くことは未知の領域であり，不安を感じて
いると思います。働く大人たちを見て，仕事はつまらなくて大変なものだから，
社会に出るのは嫌だと思っている人がいるかもしれません。一方，社会に出て
「いい仕事がしたい！」という気持ちを持っている人もいるのではないでしょ
うか。テレビドラマに出てくる主人公たち，たとえば，弁護士，医師，看護師，
パイロット，キャビンアテンダント，銀行員，報道記者，美容師……などにあ
こがれ，あんな仕事をしてみたいと夢を描いたり，今まで自分の人生の中でか
かわりのある人たちの職業，たとえば幼稚園や学校の先生を目指したり，野球
やサッカー，バスケットボールなどプロスポーツの選手として生計を立てるこ
とを考えたりしている人もいるかもしれません。

　ただ，みなさんに見えている世界は，全体のごく一部であることを知ってお
いてください。世の中にはさまざまな仕事が存在します。たとえば，私たちが
電車を利用するときに見ることができるのは，鉄道会社で働いている人たちの
ほんの一部です。電車を安全かつ正確に走らせるためには，運転士や車掌，駅
の係員のほかにも，線路の点検をする保線要員，信号が正確に作動するように
常に目を光らせているコンピュータのソフトウェア技術者といった人たちが働
いています。

　この章では，身近な人たち（家族・親戚や周りの大人たち）に仕事についてイ
ンタビューすることを通して，働くことの実態を理解します。みなさんの周囲

にいる大人がどのような仕事をしていて，どのようなところにやりがいを感じているのかについて聞いてみましょう。きっと，みなさんが今まで聞いたこともないような話が出てくると思います。他の人の話を聴くことは，働くようになって必要とされる能力の 1 つです。どのような態度で，どのような質問をすればいいのかについても学びましょう。

1 働く目的を考えよう

宝くじで 3 億円当たったら働き続けるか

　授業の冒頭に大学 1 年生に聞いてみました。「宝くじで 3 億円当たったら，あなたは働きますか」。3 億円という金額にしたのは，大学を卒業して 60 歳定年まで大企業で働いた場合に得られる生涯所得の平均値だからです。

　大学生の回答は，圧倒的に「働く」でした。理由は，「お金が入ったら，はじめは遊ぶだろうが，そのうち飽きてしまう。暇になってしまうと思うから」「お金を持つだけでは楽しめない。仕事をすることで楽しみを見つけられると思うから」といったものでした。「遊んで暮らす」という意見が多いのではないかと思っていましたが，若者たちは現実的で真面目な考え方をしていることがわかりました。

　ミネソタ大学のリチャード・アーヴェイの研究によると，宝くじ高額当選者1265 名に「宝くじが当たっても仕事を続けていましたか」と質問したところ，85.5 ％の人が「仕事を続けている」と回答したそうです（内藤［2019］）。この結果から見ても，働く理由はお金だけではないことがわかります。

なぜ働くのか

　では，人々はなぜ働くのでしょうか。「国民生活に関する世論調査」（2019 年6 月実施，内閣府［2019］）によると，「働く目的は何か」という質問に対する回答は，1 位は「お金を得るため」（56.4 ％），2 位は「生きがいをみつけるため」（17.0 ％），3 位が「社会の一員として，務めを果たすため」（14.5 ％），4 位が「自分の才能や能力を発揮するため」（7.9 ％）という結果でした。

図6-1 ■ 働く目的（2019年）

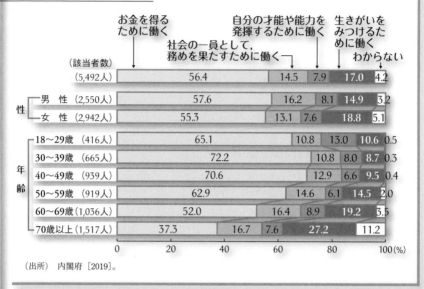

（出所）　内閣府［2019］。

図6-2 ■ 働く目的（時系列）

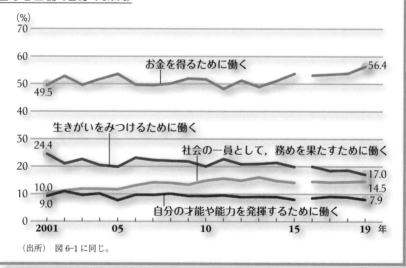

（出所）　図6-1に同じ。

　年代別に見てみると，若い世代ほど自分の能力発揮が重要と考えています。経済的なニーズが最も高くなっているのは 30 代で，40 代から徐々に社会的役割を果たすことに重きを置く人が増え，50 歳以降は生きがいを見つけるために働く人が増えていきます。「あなたの考えに近いものを 1 つ選ぶ」という回答方法であることを考えると，全体の半数近い人が，経済的な理由ではなく，自己実現や社会的役割を遂行することが働く目的であると思っているといえるのです。2001 年からの約 20 年間を時系列で見ても，その割合は大きくは変わりません。この結果から，人々は働くことを通して，自分を成長させ，社会の役に立ち，人生を豊かにしたいと思っているといえるのではないでしょうか（図 6-1，図 6-2）。

　働く目的は，年齢や性別，職業，その人の置かれた立場によりさまざまですが，大きくとらえると 3 つに分類できます。①生計を立てるため（経済性），②自分を生かす・伸ばすため（個人性），③他者の役に立つため（社会性）です。

　さて，あなたは，何のために働きますか。

2 「仕事」って何？

仕事とは問題解決

　仕事とは，問題や課題を解決していくプロセスです。顧客から出された要望にどう応えていくか，他部署が働きやすいようにどのような支援をすればいいかなど，日々発生する要請に的確に対応していくのが仕事です。決められたことを決められた手順にしたがって正確に進めていくこともももちろん大切ですが，そういった業務は，近い将来，AI（人工知能）に置き換えられていくでしょう。人間は，コンピュータにはできないことをしていかなければなりません。

　問題解決のプロは医師だといわれます。患者が身体の不調を感じて病院を訪れたとき，どこがどういう具合に悪いのか，ありのままの事実をつかむために「問診」を行います。そして疑わしいと思われる箇所を血液検査やレントゲン，超音波，CT スキャンなどの，さまざまな手段を駆使して調べていきます。これが「診察」です。その後，問診で得た情報と検査結果を見ながら不調の原因を究明（「診断」）し，最適な「治療方針」を立てて実行するというのが，一連

の治療行為の流れです。

　あなたが病気になって病院に行ったとき，あなたをしっかり診察することなく医師が薬を処方したら，あなたはどう思うでしょうか。その医師に，「あなたの症状は，先週来た患者さんと同じで，その患者さんにこの薬を処方したところ，よくなられました。だから，あなたにも同じ薬を出します」などと説明されたら，あなたは，二度とその病院には行かないでしょう。プロの問題解決とは，事実を正確にとらえるところから始まります。

　大学では，事実を正確にとらえる力をつけるために，わからないことは調べる習慣をつけましょう。そして，自らの頭で考え，行動することができるよう，問題解決の基礎となる力を身につけていきましょう。

もともと面白い仕事はない

　学生からよく聞かれます。「先生，仕事って面白いですか」。筆者（齋藤）の答えは，「世の中に，もともと面白い仕事はないよ」です。30年あまり企業で仕事をしましたが，その中で感じたのは，「仕事は厳しいもの，でも仕事を面白くする『働き方の工夫』はできる」ということです。

　仕事の進め方に正解はありません。というのも，経済環境は日々変化しているからです。昨日は最適だった進め方が今日も最適であるとは限りません。場合によっては根底からつくり直さなければならなくなる場合もあります。常に問題意識を持って，現状を問い直すことが必要です。本当にこの方法でよいのか，もっとよい方法があるのではないかと考え続けることが大切なのです。それを考え続ける過程の中で工夫が生まれ，仕事が楽しくなっていくのです。

　問題意識を持って仕事に取り組んでいると，仕事の中で自分なりの発見があります。それは大きな感動であり，問題の真の原因を突きとめて手を打つ経験を一度でもすれば，「仕事は面白い！」と実感できます。すると，困難な課題に直面したとしても，あきらめずに挑戦する力が湧いてきます。

　もっとよい方法を考え，実行することが「働き方の工夫」です。事実をしっかりとらえ，自分なりの工夫を加え，問題解決を重ねる中で仕事の面白みを発見し，手ごたえのある仕事ができるようになっていくのです。

　働き方の工夫のほかにも，お客さまから「ありがとう。助かったよ」といっ

てもらえたり，上司や同僚から「よくやった」と認められたりしたとき，「仕事をやっていてよかった」と心の底から思うことができます。ただ，そう思えるようになるには，少し時間が必要です。それは，仕事の仕組みを理解し，顧客や同僚との信頼関係をつくるのに，時間がかかるからです。

「石の上にも三年」には意味がある

　みなさんの先輩の中には，新入社員として入った会社を数カ月で辞めてしまう人がいます。働く前に思い描いていた姿と現実があまりにも違うので「こんなはずではなかった」と思い，「この会社にいたのでは，自分のしたいことができない」と考えて転職します。転職は，決して悪いことではありません。20代は「適職探し」の時期なので，自分にふさわしい仕事を求めて，勤め先を変えるのは普通の行動です。しかし，入社して数カ月で転職というのは，あまり評価できません。

　昔から「石の上にも三年」といわれてきました。つらくても根気よく続けていれば，最後にはきっと成功するという意味です。始めたことをすぐに投げ出すのではなく，3年は我慢して取り組んでみようという意味でも使われます。働き始めて最初の年は，毎日が新しいことの連続であり，仕事を覚える期間です。2年目は，仕事の進め方がほぼわかっていますから，遅滞なく実行する期間です。3年目になると，仕事の全体像がわかっているので，自分なりの工夫を加えて仕事を進めていくことができるようになります。3年間取り組んでみてはじめて，自分に向いているかいないかがわかるといってもいいでしょう。

　3年には別の意味もあります。どんな分野でも，一定の成果を上げようと思えば1万時間は必要だといわれます。「一万時間の法則」です（グラッドウェル[2014]）。1年365日，休みの日もありますから，毎日10時間取り組めば3000時間強になります。それを3年続ければ1万時間です。1万時間やってみてもしっくりこないのであれば，それは本当に向いていないのです。1万時間より前に「向いていない」と判断すると，大切なものを逃してしまうかもしれません。

3 ロールモデルは身近なところにいる

　世の中にはさまざまな仕事があります。働く先輩たちは，自分の仕事のどんなところに面白みを見出しているのでしょうか。両親や，叔父・叔母などの親戚をはじめ，あなたの周りにいる大人たちは人生の先輩であり，さまざまなことを経験してきています。そういった人たちがどうやって仕事を選んだのか，仕事をしていてよかったこと，つらかったことなどを聞いてみると，働くことの実態が少し見えてくるのではないでしょうか。「仕事」を介して話をすることで，日ごろあなたが思っている両親や叔父・叔母などとは一味違った「職業人」としての一面を見ることができるはずです。

　この授業では，課外学習としてインタビューすることを課題としていますが，インタビュー後に学生に感想を聞くと，次のような話が出てきます。

　普段，家でゴロゴロしてばかりいる父親が嫌だった。しかし，今回，仕事の話を聴いてみたら，会社でつらい思いをしても耐えながら頑張っている。どんなに嫌なことがあっても，家ではそういうそぶりは見せないようにしていると話した。家にいるときはゆっくりしてもらおう，もう少し優しくしようと思った。

　父親の仕事は転勤が多く，転勤のたびに転校しなければならなかった。私が高校のとき，父は，単身赴任をしていて，話をしたいときにいなくてさみしい思いをした。今回，話を聴いてみたら，それはすべて私のため，家族のためだということがわかった。感謝の気持ちでいっぱいになった。

　母親が「うちの会社はこんな社会貢献をしていて……」と目を輝かせて話す姿を見て，かっこいいと思った。

　システムエンジニアの父は，学ぶことは職に就いたから終わりではなく，日々学び続けることが大切だと語った。大人になっても勉強し続けている

父は，すごいと思った。

　父や母には，家では見せない違う顔があり，仕事の話をする両親はキラキラ
と映ったようです。インタビュー後に両親に対する感謝や尊敬の念を抱く学生
がたくさんいました。

　「あんな人になりたい」という目標になる人のことをロールモデルといいま
す。ロールモデルは，role（役割，役目）の model（見本）という英語で，1940
年代にアメリカの社会学者ロバート・K. マートンによって定義された言葉で
す。ロールモデルの存在は，人の成長を促し，キャリア形成の一助となること
が多いといわれています。今までの人生で接してきた人の中にあこがれの人物
がいる場合もあれば，就職して職場の中で見つかることもあるでしょう。もし
かしたら，今回，身近な人に話を聴く中で，見つけることができるかもしれま
せん。

4 インタビューの仕方

人に話を聴くルール

　さぁ，いよいよインタビューを始めます。人に話を聴くときには，守らなけ
ればならないルールがありますので，事前に確認しておきましょう。

（1）　相手が身内だとしても，敬意を持って接すること

　　大切な時間を使わせてもらい，話を聴かせてもらいます。人生の先輩に教
　えを乞う真摯な姿勢で臨みましょう。

（2）　何のために話を聴きたいのか，目的を明確に伝えること

　　インタビューの冒頭で，今回の目的を明確に伝えてから質問に入りましょ
　う。事前に聞きたい内容を整理し，メモを見ながら聞きたい点を確認してい
　くと，聞き忘れや聞き漏れを避けることができます。

（3）　話を聴きながら相槌を打つこと，またメモをとること

　　うなずき，相槌は，人が使う一番短い言葉といわれています。聞き手がう
　なずいたり，相槌を打ったりすることで話し手に安心感を与え，話しやすく
　なる効果があります。そして，話していただいた内容を忘れないよう，しっ

かりメモをとりましょう。

(4)　あらかじめどれくらいの時間を割いてもらいたいかを伝え，その時間
を守ること

就職の経緯や仕事内容，その中からやりがいにつながる話を丁寧に聴いて
いくと，少なくとも30分〜1時間の時間を要します。話を深く掘り下げて
いくと予定よりも長くなることが予想されます。インタビュー後に予定があ
るかを確認し，迷惑をかけないよう心がけましょう。

何を聞けばわかる？

インタビュー項目の例をご紹介します。これらは，絶対的なものではなく，
参考として考えてください。ここに記載されていない質問もしてみてください。
インタビューは対話です。対話とは，相手の発言を受けて発展させていくもの
です。

(1)　学校を卒業して最初に就いた仕事は何ですか。どうしてその仕事を選
んだのですか。その仕事は第一志望でしたか。

(2)　働き始めた当初，働く前に思い描いていたものとの差はありましたか。
思っていたこととは違うと感じたとき，どうしましたか。

(3)　会社の中でどのような仕事を経験してきましたか（転職経験がある場合
は，転職の理由や転職してわかったことなども聞きます）。

(4)　働いていて「よかったな」と思ったことを教えてください。

(5)　いま思い出しても冷や汗が出るようなつらい経験はありましたか。そ
の問題をどうやって乗り越えましたか。

(6)　仕事を辞めたいと思ったことはありますか。辞めずに踏みとどまった
のはどうしてですか。

(7)　仕事の面白さは何だと思いますか。

(8)　ロールモデル（目標となるような人）はいましたか。その人は，どんな
人でしたか。その人のようになりたいと思ったのはどうしてですか。

(9)　これからどのような仕事をしていきたいですか。仕事の上での目標を
教えてください。

(10)　自分の子どもにどのような仕事に就いてほしいと思いますか。

　話をもっと掘り下げて聴きたいときには，「具体的にはどうでしたか」という質問をしてみてください。そのときの状況がありありと浮かぶような話を聴くことができるかもしれません。

5　仕事の面白さを知ろう

　インタビューが終わりました。あなたは，どのような話を聴くことができたでしょうか。インタビューの内容を振り返り，働く人々が仕事の中にどのような面白さや意義を見出しているのか，仕事の実態を探っていくことにしましょう。

　ある授業のインタビュー被験者の職業は，保険会社の事務や外交員，商社の営業マンや経理担当，食品会社の人事や商品企画・安全検査担当，医薬品の製造，鉄道会社の車両点検の運用計画作成者，下水道の設計者，システムエンジニア，銀行員，裁判官，弁護士，税理士，保育士，歯科助手，介護ヘルパー，バレリーナ，彫刻家，農家，すし屋の店主，スーパーの店員，コンビニのアルバイトなど，多岐にわたっていました。授業後に多くの学生が，「世の中にはいろんな種類の仕事が存在することがわかった」という感想を述べていました。「一口に『営業』といっても，モノを直接売る営業から，売った後のフォローをする営業，売るためのシステム開発や販売戦略などを考える営業など幅広いことがわかった」との声もありました。他のメンバーのインタビュー報告を聴くと，今まで知らなかったたくさんの仕事を知る機会になります。

　授業では，インタビューした内容を5〜6人のグループで共有していきます。グループワークでは複数の職種の職業人の生きざまが語られることになります。その内容を共有する中で，「仕事の面白さ」を味わうには，いくつかのポイントがあることがわかってきました。

ポイント①　仕事の全体像が見えてくると，だんだん仕事が面白くなっていく

　商社の営業マンの父親へのインタビューです。「仕事をしていて楽しいと思うこと，やりがいを感じることは何か」を尋ねたところ，「働き始めたころは，先輩からいわれたことをやるのが精一杯だった。だんだん仕事に慣れてきて，

いくつかの顧客を任され，こうしたらお客さまに喜んでもらえるのではないかと自分なりに考えるようになった。営業の仕事の流れが自分なりにつかめたころからやりがいを感じるようになった」と語ってくれたそうです。また，同じ質問に対して，製造会社の技術者である父親は，「技術者が一人前になるまでには，少なくとも5年くらいはかかる。基礎技術を学んだり，自社製品の設計や用途を理解したり，社内の人脈をつくったりする勉強期間がある。その後，自分の担当した製品が世の中に出たとき，責任とともにやりがいを味わえた」と話してくれました。

　仕事の面白さは，働いてすぐにはわからないことが多いものです。というのも，働き始めたばかりのころは，仕事の一部しか見えていないからです。勉強や経験を重ね，仕事の全体像が見えてくると，仕事の面白さを感じられるようです。

ポイント②　仕事に知恵を込めたり，仕事のやり方を工夫したりする中で仕事が面白くなっていく

　プログラム開発をしている父親は，「ソフトウェア開発にはいろいろな手法がある。ソフトウェアが完成するまでの過程を工夫するのが楽しい」と話してくれました。歯科助手の母親は，「先生が治療しやすいようにするため，子どもが大きな口を開けたときにはほめたり，子どもが怖がらずに治療できるよう声をかけたりする工夫をしている。子どもが泣かずに治療を終えたときはよかったと思う」と語っていました。

　言われたことを言われた通りにするだけではなく，自分なりの工夫を加えながら仕事をしていくことによって，仕事に楽しみを見出し，充実感を持って仕事に取り組めるようになるようです。

ポイント③　一緒に働く仲間とともに仕事の面白さは育まれる

　半導体製造装置メーカーで販売担当をしている父親は，大手メーカーの工場に自社製品を納品する際に不具合が見つかったときの話をしてくれました。「問題を解決するために営業（セールスエンジニア）や工場の技術者，品質管理担当など関係部署が一体となってチームワークで進めた。その結果，お客さん

に満足してもらえたときに達成感を味わうことができた。1人ではできないことも仲間と一緒なら乗り越えることができる」と話しています。また，スーパーでパートタイマーとして働いている母親は，「日々の品出しなど大変だと感じることは多いが，一緒に働く仲間と協力しながら行っているので頑張れる」と語っています。食の安全・安心を守るといった食品の検査をしている父親は，「普段から同僚らと意見交換し，お互いがフォローできる信頼関係を築いておくことで難局を乗り切れる」と語ってくれました。

　仕事は，順風満帆なときばかりではありません。難局を迎えたときにどう対応したかを聞いてみると，「仲間と協力して助け合う」や「仲間と励まし合う」という発言を多く聞くことができました。仕事をしていく上で，仲間の存在は大きいといえます。仲間とは，同僚であったり，上司や部下であったりします。仲間と情報を共有し（報・連・相，Column 3参照），1つの仕事を成し遂げたときに大きな達成感を得ることができ，仕事が面白くなっていくようです。

ポイント④　仕事には目標（課題や納期）があり，それを達成したときに面白さを感じる

　保険の外交員の叔父は，「毎月の新規顧客の目標数が達成できると嬉しいが，達成できないと苦しいと感じる。毎月，目標が達成できるよう努力しているので達成すると安心する。逆に目標があることで頑張れるのかもしれない。大き

Column 3 ■「報・連・相」って何？

　「報・連・相」とは，報告・連絡・相談の頭文字をとったものです。働く現場で，毎日当たり前に使われている言葉です。みなさんが学校を卒業し，会社に入ると，まず，はじめに教えられるビジネスの基本です。

　「報・連・相」は，職場に限らず，他人と1つのものごとを進めていくときには欠かせない，大切な人間関係の絆ともいえます。「報・連・相」を怠るとトラブルが発生します。反対に「報・連・相」を密に行い，みんなで情報を共有しながら進めることで，ものごとが円滑に回るのです。困ったときに助け合える職場は，「報・連・相」がうまく機能しているのですね。

な目標がトップから出るので，自分の仕事では小さな目標をいくつも設定して，やる気を保つようにしている」と述べています。「目標の達成に向けて，上司や部下などとさまざまな議論をしながら，課題を1つ1つ実現することにやりがいを感じている」と話してくれたのは，食品会社の商品企画を担当している父親でした。さらに，技術職の父親は，「プロジェクトが納期通りに進んだときに関係者のみなと喜び合う。仕事には納期があり，お客さまに迷惑をかけないためには，納期を守ることが大切だ」と話してくれました。

　営業職は成約数（受注件数）が目標とされることが多く，生産では出来高やクレーム件数が，技術職は製品の寿命試験や安全基準のクリア，新商品発売に向けての納期などをそれぞれ目標としています。目標は，ある種の旗印であり，それに向かって人々は努力を続けています。

ポイント⑤　人に感謝されたり喜ばれたりすることが「やりがい」となり，仕事の面白さが継続される

　損害保険会社の事務員として働く母親は，「給与の安定を優先して就職を決めた。入社当初は，自分のやりたい仕事ではなかったが，仕事をしていく中で，お客さまから感謝してもらえることにやりがいを感じていった」と話したといいます。「働き始めたときはやりたいことでなくても，働いているうちにやりがいを見つけることもある」と学生は感じていました。介護ヘルパーの母親からも「お年寄りの笑顔が見たいし，喜んでもらえたときに頑張ってよかったと思える。ありがとうの言葉がやりがいにつながり，また明日も頑張ろうと思う」との話を聴くことができました。飲食店の店主も「お客さまがおいしいといってくれることがやりがいであり，明日への活力」と語ってくれました。

　授業後の学生の感想には，「グループワークをしてみてわかったのは，お金のために働くという意見はほとんどなく，みな，人のためや自分自身の成長，人からの感謝の言葉，仕事の楽しさなど，その仕事のやりがいを支えにして働いている大人の意見が多かった」と書かれていました。「仕事の報酬は，お金だけでなく，顧客からの感謝ややりがいなど目に見えない部分にも存在することがわかった」という意見や「人は他人に感謝され続けることに喜びをすごく感じるのだなと思った」などの感想もありました。「やりがいは味噌汁の味噌

だ」といった学生がいます。彼曰く，「仕事という人生の逸品を完成させる最も重要な調味料，それがやりがいだ」と。

インタビューを通して，働く大人たちは，それぞれ仕事の中で自分なりの面白みを発見し，目には見えない「やりがい」を心の中にしっかり持って，働き続けていることがわかりました。

内的キャリアが重要！

キャリアには，2つの側面があるといわれます。「外的キャリア」と「内的キャリア」と呼ばれるものです。一般的に「キャリア」といわれるのは，「外的キャリア」を指すことが多いようです。それは，具体的な業種・職業など目に見えるもののことで，名刺に書ける内容です。一方，「内的キャリア」は，自分にとっての働く意義や価値観を指すものです。なぜその仕事をしたいのか，なぜその職種を選ぶのか，なぜその会社で働きたいのかというときの，「なぜ」に相当するものです。

今回のインタビューでは，この「なぜ」を問うことで，働く意義や価値観を聞きとることができました。人生，いつ何時，何が起こるかわかりません。勤めている会社がなくなることも起こりうる時代です。そんな状況が起きたときでも，自分らしく働き続けるためには，仕事を選ぶ上での「軸」が必要になります。軸がブレなければ，目の前の仕事が失われたとしても，次の仕事を探し，たくましく生き抜いていけるのです。

学生時代の本業は学業ですが，アルバイトやサークル活動，地域貢献活動などへの参加を通して，大切にしたいキャリアの「軸」を探していきましょう。

●こんなことも考えてみよう！

▶**1**　内閣府「国民生活に関する世論調査」は，何の目的でいつ実施されているのかを調べてみよう。

▶**2**　『科学的な適職』（鈴木［2019］）を読んで，あなたが職業を選ぶときに大切にしたいポイントを考えてみよう。

●参考文献

グラッドウェル，M.（勝間和代訳）［2014］『天才！成功する人々の法則』講談社。

鈴木祐［2019］『4021 の研究データが導き出す　科学的な適職——最高の職業の選び方』クロスメディア・パブリッシング。

内閣府［2019］「国民生活に関する世論調査（令和元年 6 月）」。

内藤誼人［2019］『世界最先端の研究が教えるすごい心理学』総合法令出版。

第7章

やりがいはどこで生まれるのか

ねらい

　前章で，大人たちが自分なりの「やりがい」を見つけて働いている姿を見てきました。人は，やりがいを感じたときにやる気になるものです。人が，やりがいを感じる対象とは，何なのでしょうか。仕事について考えれば，仕事そのものの面白さや金銭的報酬など，人によってそれぞれでしょう。では，みなさんにとって，やりがいとは何ですか。仕事のやりがいは，どこで生まれるものなのでしょうか。考えても仕方がないという前に，立ち止まって考えてみましょう。ただし，考えることには限界もあります。行動の重要性を認識すべきです。大学生の中には，消極的になり行動をためらう人がたくさんいます。決してよいことだとはいえません。この章では，行動することの重要性や行動が結果に与える影響について考えたいと思います。

　最近の人事用語に「ジョブ型」と「メンバーシップ型」という言葉があります。昔からの言い方に直すと「就職」と「就社」という言葉に置き換えることができます。カタカナにすることで響きのいいカッコよさを感じます。その反面，意味を正確にとらえられない危険性も高まります。流行り言葉に惑わされないように，ジョブ型とメンバーシップ型雇用の本質について解説します。

　大学3年生が秋を迎えると「やりたいことがわからない」と戸惑う人が出てきます。いたずらに自己分析をしたからといって，リアルな自分自身に出会えるとは限りません。答えが見つからないそのときに，どのように対応すべき

かについて考えたいと思います。

1 やりがいはどこから？

働きがい・生きがいは人それぞれ

　仕事に求めるものは，人それぞれだと思います。たとえば，次のような3つのタイプをあげることができます。

> A：私は，何よりも自分のやりたいことのために働きます。一度きりの人生なので，生きがいを感じる仕事でなければ意味がありません。
> B：私は，ある程度生活できれば，給料が少々安くても構いません。よい人間関係，よい雰囲気の職場で働きたいと思います。人と人との心の結びつきが重要です。
> C：私は，できるだけ多くのお金を稼ぐために働きます。人生はお金です。お金があれば何でも手に入ります。だから給料の高い会社であれば，どんな仕事でも頑張れます。

　やや極端な例ではあるものの，Aは仕事の面白さタイプ，Bは人間関係重視タイプ，Cは金銭的報酬タイプとなります。みなさんはどのタイプが自分に最も近いと感じますか。前章でも働く目的について考えましたが，「自分は何のために働くのか」「何を求めて働くのか」については，各人が持っている人生観・価値観で決まります。どのタイプを選ぶのも個人の自由です。何か1つに決めなくてもいいかもしれません。仕事の面白さと金銭的報酬の両方を追い求めることが欲張りとはいえないでしょう。それぞれのバランスを重視してA・B・Cから3分の1ずつやりがいを感じる人がいてもいいと思います。

仕事は金か，やりがいか：動機づけ―衛生理論

　やりがい・やる気については，昔から，モチベーション理論という領域でさまざまな研究がされてきました。その中でも，ハーズバーグの「動機づけ―衛

生理論」は代表的なものの 1 つです。アメリカの心理学者フレデリック・ハーズバーグは，人を不満にさせない要因と人にやる気を起こさせる要因は異なると主張したのです。前者を「衛生要因」，後者を「動機づけ要因」と名づけました。

表 7-1 は，ハーズバーグが示したものです。衛生要因の 9 番目に「給与」があげられています。生活が苦しいほど給与が低い場合には，増額することで人にやる気を起こさせることが可能になります。ただし，給与が一定水準に達すると，給与を増やすことでやる気を増大させることが難しくなります。「馬の鼻先にニンジンをぶら下げる」というたとえをすることがあります。馬は，ニンジンが欲しいためにずっと走り続けるかもしれません。しかし人は，最初は一生懸命に走っても，次第にその効果は薄れ，走らなくなるという考え方です。ハーズバーグは，給与などの衛生要因について「麻薬のように作用する＝使えば使うほど効果が薄くなる」と述べています。

一方，動機づけ要因の 3 番目には「仕事そのもの」があげられています。仕事そのものに面白みを感じることができれば，人は動機づけられ，やりがいを感じるものです。ハーズバーグの考え方にしたがえば，人はお金ではなく仕事の面白みにやりがいを感じるといってもよさそうです。ただし，これも個人の考え方の問題です。モチベーション理論には，百花繚乱といってもいいほどた

表 7-1 ▓ 衛生要因と動機づけ要因

衛生要因	動機づけ要因
① 監　督	① 達　成
② 会社の政策と経営	② 達成の承認
③ 作業条件	③ **仕事そのもの**
④ 同僚との対人関係	④ 責　任
⑤ 部下との対人関係	⑤ 昇　進
⑥ 上役との対人関係	⑥ 成長の可能性
⑦ 身　分	
⑧ 職務保障	
⑨ **給　与**	
⑩ 個人生活	

（出所）　ハーズバーグ［1968］。

くさんの説があります。自分の考え方にフィットするものを探せばいいのです。

2 挫折を感じる新入社員

　就職活動を経て新入社員として就職する大学生は，期待と不安を抱いています。就職活動をうまく乗り切ったと思ったのに，すぐに辞めてしまう新入社員も大勢います。人それぞれに事情があるのでしょうが，これも前章で述べたように，できれば一定のキャリアを積めるまでは，転職には慎重になったほうがいい場合もあります。ここでは，Tさんの例で考えてみたいと思います。

　希望した会社に入れたのに，なぜ？　——Tさん（男性，23歳，現在フリーター）は，某大学のマスコミ学科を卒業後，新卒採用で大手芸能事務所にマネージャーとして入社しました。

　Tさんは，高校時代，学園祭のシンボルとなる巨大画の制作プロジェクトを指揮した成功体験から，いわゆる"ギョーカイ"で働くことに興味を持っていました。仕事は，何よりも自分のやりたいことのためにするものだと考えるタイプです。大学ではマスコミについて学び，雑誌研究会のサークルに所属したのもその影響です。競争の激しいマスコミ業界を志望したこともあり就職活動では苦労しましたが，結果として関連業界に就職できたことに満足していました。

　4月1日の入社式の翌日，いきなり現場の仕事に参加します。何をすればいいかわからずウロウロしていると先輩から怒られるばかりで，どうしていいか悩む日々が始まりました。自分が知らないことばかりで具体的なことがわかりません。質問できる雰囲気もありません。新人マネージャーとして，テレビ局などの現場を次から次へと渡り歩く日々なので，残業が多く，休日も思ったようにはとれません。早1カ月にして，同期入社の同僚との間では，「辞めようか」などという話が出始めます。こんな状況がさらに3カ月続きました。

　Tさんは，もう自分が何をしているのかわからなくなり，完全に自信喪失の状態になりました。そう，挫折したのです。このままでは自分がダメ

になると判断し，入社 4 カ月で退職することにしました。

外的キャリアと内的キャリア

　T さんは，どうして入社早々に退職することになったのでしょうか。T さん自身も理解できていないかもしれません。もちろん，第三者が決めつけることはできませんが，前章で紹介した，外的キャリアと内的キャリアという概念から考えることができます。

　外的キャリアとは，仕事の種類や業界など，外から見てわかるものです。このケースでは「世間体」が絡んでいる可能性があります。一方，内的キャリアとは，働きがいや生きがいなど自分の内面の問題であり，人によって異なるもので，外から見てわかるものではありません。「なぜ，その仕事がしたいのか」「その仕事のどこが面白いと感じるのか」など，あくまでも自分自身がどのようにとらえているかという問題です。

　T さんは，自分の価値観が定まらないまま，業界や仕事のカッコよさから，とにかく入りたいところを選んだと思われます。芸能マネージャーへのあこがれが先行し，仕事の内容をよく理解しないまま「やりたいこと」だけが先行してしまったのです。やりたいことばかりではなく，自分にできることは何かを客観視し，他の関心分野にも注意を払う必要があったと考えられます。

　人は，誰しも外的キャリアを気にするものですし，意識することは悪いことではありません。それがやりがいにつながることもあります。ただし，T さんにとっては，外的キャリアと内的キャリアのバランスがとれなかったことが問題でした。やりがいを考える場合には，外と内の両面からとらえる必要があります。

人生，我慢が必要なときもある

　「七・五・三」といわれて何をイメージしますか。子どもの成長をお祝いすることとは異なります。これは若者の早期退職を表現した言葉なのです。中学卒で 7 割，高校卒で 5 割，大学卒で 3 割の人が，学校を卒業して就職した日から 3 年以内に退職することを指し，以前から指摘されていました。まさに T さんのケースが，七・五・三現象にあてはまります。図 7-1 は，2010 年以降，

大学を卒業して 3 年以内に退職した新入社員の割合の推移です。年によって異なるものの，おおよそ 30 ％の人が 3 年以内に退職しています。人によって事情は異なりますので，マイナスの要素ばかりではないでしょうが，厳しい就職活動を突破し，晴れて就職したのに残念です。

　前章でも述べたことを，もう一度確認しておきたいと思います。世の中に，もともと面白い仕事というものはないのです。仕事が本当に面白いのなら，人はお金を払って仕事をするはずです。しかし，仕事をするとお金がもらえます。それは，他の人ができないこと，やりたくないと思っていることを代わりに担当するからです。お金がもらえるのだから，仕事とはもともとつらいものなのです。

　では，仕事は面白くないかというと，そうではありません。面白いと思えるまでに，少し時間がかかります。我慢して仕事を続けていると，「やっていてよかった」と思える瞬間がやってきます。お客さまから「ありがとう。よかったよ」といってもらえたり，上司から「よく頑張った」とほめられたりしたときです。「急いては事を仕損じる」といいます。念頭に置いておきたい言葉ですね。

図 7-1 ■ 新卒大学生の退職率の推移

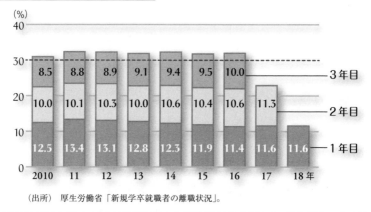

（出所）　厚生労働省「新規学卒就職者の離職状況」。

3 その幸運は偶然ではないんです！

計画的偶発性理論

「あなたは覚えていないかもしれないが，何度も失敗してきた」「初めて歩こうとした日，あなたは転んだ」。こう記したのは，アメリカの心理学者 J. D. クランボルツです。その通りですね。あなたも私もみんな，歩き出した最初は転びました。クランボルツは，失敗を恐れるために行動をためらうことを批判します。加えて，「唯一確かなことは，何もしないでいる限り，どこにもたどり着かないということでしょう」「どこからでもいいから，とにかく始めなくてはなりません」と述べます。誰しもわかっていることであり，今さらいわれたくないものです。みなさんは，自分の自尊心を守るために消極的になることはありませんか。

クランボルツは，行動することの重要性を説きます。偶然のできごとが起きる前には，自分自身のさまざまな行動が存在します。その行動が次に起きる偶然を決定すると考えました。これを積極的に活用しようというのが「計画的偶発性理論」（planned happenstance theory）です。

予期せぬできごとを大いに活用すること，すなわち「縁を運に変える」行動力が明日を開く鍵になるわけです。たとえば，しばらく会っていない友人にメールをしたとします。すると，その友人がある企業の会社説明会に一緒に行こうと誘います。当日，会場に到着し，人事の人と話していると，面接を受けることになりました。このきっかけが最終的に内定につながることがあるかもしれません。もちろん，そんなに都合よくはいきません。しかし，最初にメールをしなければ，この偶然はつながらなかったはずです。つまり，「その幸運は偶然ではないんです」（Luck is no accident）。

ラッキーに出会う方法：Kumo wo Tsukamu Youna Story

「その幸運は偶然ではない」といわれても，みなさんの中にはピンとこない人もいるでしょう。そこで，「雲をつかむような話」をしましょう。図 7-2 は，行動することの重要性を表現しています。登場人物は，4人の大学生 H，I，J，

Kさんです。

　世の中には，幸運の雲が存在します。地上に幸運の雲はほとんどありません
が，上空3メートルにはたくさんの小さな幸運の雲が流れています。標高が高
くなればなるほど，より大きな幸運の雲が流れていますが，大きくなる分，数
は減っていきます。大きな幸運には，滅多にお目にかかれないということです。

　Hさんは，何もしない人です。頭の上を幸運の雲が通り過ぎても気づきませ
ん。そもそも幸運の雲が上空に流れていることすら知りません。Iさんは，と
りあえず動くことはあるものの，とくに努力はしていません。ときどき，頭を
かすめるものは気になりますが，それが幸運の雲だとは気づきません。Jさん
は，行動すればきっと幸運がつかめるだろうと信じる人です。一定レベルの行
動で上空3メートルに流れる小さな幸運の雲を手にしています。Kさんは，幸
運は偶然ではないと知っている人です。行動という努力を積み上げることで，
上空10メートルに流れる大きな幸運の雲を手にすることができます。Kさん
がさらに努力を重ねれば，上空500メートルに流れる巨大な幸運の雲をつかみ
とる日が来るかもしれません。

図 7-2 ■ Kumo wo Tsukamu Youna Story

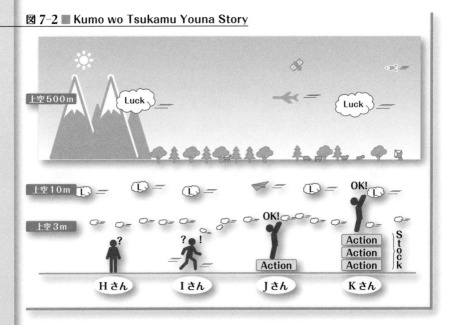

　ここでは，行動すればうまくいくとは限らない点に注意が必要です。幸運の雲の数は限られていますので，常に努力が報われるとはいえません。あくまでも運ですので，絶対はないのです。しかし，幸運の雲は上空 3 メートル以上にしか流れていません。行動という「飛び箱」を積み上げない限り，物理的に手が届かないのです。行動するということは，成功することが約束されるわけではなく，幸運をつかむ可能性を広げるためのものです。何もしなければ，可能性が広がることはないのです。

4　仕事に就くのか，会社に入るのか

ジョブ型雇用とメンバーシップ型雇用

　図 7-3 は，労働契約の範囲について，欧米と日本の違いを表現したものです。左が欧米型，右が日本型です。それぞれ，「ジョブ型雇用」と「メンバーシップ型雇用」と呼びます。どちらのモデルも会社に入ることを「入社」と表現することに違和感はないでしょう。しかし，それぞれに特徴があります。

　欧米の場合には，「就職」という言葉がなじみます。文字通り「職に就く」からです。労働契約書には，担当する仕事が明記されます。そのため仕事内容

図 7-3 ■ 労働契約の範囲の違い

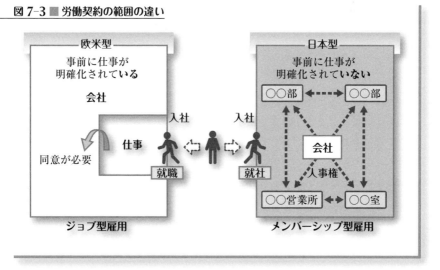

が変更になる場合には，原則として労働者本人の同意が必要です。つまり，一方的な人事異動や転勤がありません。「仕事＝ジョブ」が契約の真ん中にあるため，「ジョブ型雇用」と呼ばれます。

一方，日本の場合には，「就社」という言葉がなじみます。「職に就く」というよりは，「会社に入る」という意味合いが強くあります。新卒採用の場合は，入社前に担当する仕事が明確になっていないことがほとんどです。日本の会社は強力な人事権を持っており，本人の同意がなくとも，会社の都合で仕事を変更（人事異動や転勤）することができます。契約の真ん中にあるのは，「ジョブ」ではなく「人」なのです。入社するということは，「職に就く」のではなく，その会社の「メンバー」になることを意味するため，「メンバーシップ型雇用」と呼ばれます。

人事異動の目的

働く人にとって「メンバーシップ型雇用」に付随する人事異動は，大きなリスクかもしれません。しかし，大きなメリットを併せ持っているということができます。

会社が人事異動を行う目的は，おもに3つあります。第1に，能力開発があげられます。人事異動によって関連する部署を複数経験すると，仕事を複合的に理解することができます。当然に知識・経験の幅が広がります。複数の経験から複数の視点が生まれることで，仕事を立体的に理解することができるのです。第2に，人的交流によって組織の活性化が促進されます。新しいメンバーと協働することは，一定の緊張感を生み，停滞感を払拭する効果を持ちます。そして第3に，人員調整の機能です。景気は変動するので，それに合わせた人員配置が必要となります。その都度，部署ごとに大幅増員やリストラを実施するのでは，会社の損失が大きくなりますし，従業員も困ってしまいます。余剰人員を抱えた部署から，人員が不足している部署に異動させるのです。人事異動は解雇を回避する手段となります。会社の持つ人事権と解雇の間には，表裏一体の関係があるのです。

大学生に聞いてみた

あなたは，ジョブ型とメンバーシップ型，どちらのスタイルを志向しますか。

前述の通り，ジョブ型とメンバーシップ型雇用には違いがあります。2つの雇用スタイルの基本的な違いを説明し，大学生がどちらを志向するか授業で聞いてみました。

まず，雇用スタイルの違いを簡単に説明して聞いてみた結果が，図 7-4 の左側のグラフ（第1回）です。その後，人事異動の目的や解雇について説明を加えた上で，もう一度同じ質問をした結果が，右側のグラフ（第2回）です。

第1回の回答では，ジョブ型が 41.8 ％，メンバーシップ型が 50.9 ％となりました。メンバーシップ型がジョブ型を少し上回っていますが，ジョブ型志向も強くありました。第2回の回答では，ジョブ型が 28.8 ％，メンバーシップ型が 65.1 ％となりました。メンバーシップ型志向が強まり，ジョブ型志向は少数派になりました。人事異動や転勤は避けたいものの，能力開発にプラスの効果があることや解雇を回避するための手段となることを評価したようです。また，解雇に対する不安感から，安定的なほうを好む部分もあったのかもしれません。若者は挑戦的であるべきだという人もいますが，安定志向が悪いわけではありません。

図 7-4 ■ 雇用スタイルの志向

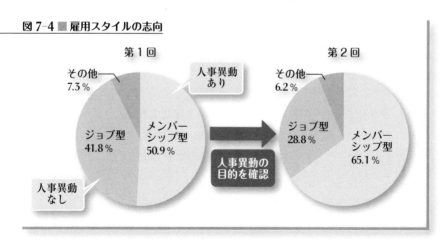

　ある大学生は，「いろいろ聞いていたら，どっちが自分に合っているのかわからなくなりました」というコメントを寄せてくれました。それは，そうでしょう。仕事をしたことがないのだから，悩むのは当然です。仕事というと，具体的な職種や専門的な職業をイメージすることがあります。しかし日本では，みなさんが就職するとき，労働契約書には担当する仕事が明記されていないことがほとんどです。ハーズバーグのいう「仕事のそのもの」にやりがいを求めるということを，幅広い視点でとらえる必要がありそうです。

　ジョブ型とメンバーシップ型雇用に関する考え方について，次のコメントもありました。「興味がある分野の企業に"就社"して，いろいろな職種の経験を積むのもいい」というメンバーシップ型志向の人もいれば，「私はCAになりたいと思っているので，メンバーシップ型だと合わない」というジョブ型志向のコメントもありました。そして，「新卒では，メンバーシップ型でキャリアを積み，その後ジョブ型に転向したい」というハイブリッド型のような考え方もありました。さまざまな考え方があっていいと思います。いずれにしても，決めるのは自分自身です。

5 まず，動いてみよう

やりたいことがわからない人へ

　就職活動を始めると「自分が何に向いているかわからない」という悩みを持つ人がたくさん出てきます。仕事をしたことがないのだから，わからないのは当然です。それなのに，「何をしたらいいのかわからない。やりたいことが見つからない」という負の状態に陥ることがあります。

　このように考えてみてください。お腹が空いたときに「何が食べたいのか」わからないと，どこのレストランに行って何を注文すればいいのかわからないことになります。誰にだって，好みの食べ物はあるものです。嫌いなものだってあります。同じことだと思いませんか。おぼろげながらでもいいですから，自分がこだわっていることを考えてみましょう。「わからない」が出発点で構いません。わからないから，いろいろ行動してみて情報収集するのです。わからないから，たくさんの友人と話し合うのです。わからないから，何もしない，

というのが一番問題です。動いていれば，だんだんと見えてくるものがあります。

やってみなければわからない

　みなさんが就職した後，だんだん責任のある立場になっていくと，失敗するリスクは，次第に大きくなっていきます。大学は失敗してもいい場所です。失敗した経験があるからこそ，どうすれば失敗しないかがわかるのです。経験を積むと，能力は少しずつ伸びていきます。どんどん挑戦して，どんどん失敗しましょう。失敗をすれば，みなさんは後悔するかもしれません。しかし，やらない人は後悔すらできないのです。後悔は，やった人だけが感じることのできる成長のきっかけです。やった人だけが前に進むことができるのです。

　やりたいことが明確な人は，ジョブ型志向もいいでしょう。一方，やりたいことがわからない人は，メンバーシップ型志向で十分だと思いませんか。働いたことがないのですから，仕事について深い理解がなくとも問題はありません。5年・10年と働いていれば，仕事に関する理解が深まります。そのときに改めて，自分の志向を再確認してもいいのです。それが，キャリアデザインというものです。

　「やってみなければわからない」を合い言葉にしたいと思います。向いているかいないかは，やってみてから決めましょう。やる前に「自分には向いていない」と決めつけるのは，自分から可能性を閉ざすことになってしまいます。幸運の雲は，いつでもあなたの頭上を流れているのです。

●こんなことも考えてみよう！

▶**1**　ネット検索で，「マズローの欲求5段階説」と「マグレガーのX理論・Y理論」について調べてみよう（根拠の出所を明記すること）。これらに，「ハーズバーグの動機づけ―衛生理論」を加えて，それぞれの特徴を比較してみよう。

▶**2**　総務省統計局のウェブサイトから，日本の労働力人口について，雇用区

分別に調べてみよう。その上で，ジョブ型雇用とメンバーシップ型雇用との関係を考えてみよう。

▶**3** 文部科学省「学校基本調査」から，高校・大学の入学者数と卒業者数および大卒就職者数を調べてみよう。次に，なぜ日本はメンバーシップ型雇用が主流になったのか考えてみよう。

◉**参考文献**

クランボルツ，J. D. ＝ レヴィン，A. S.（花田光世・大木紀子・宮地夕紀子訳）［2005］『その幸運は偶然ではないんです！——夢の仕事をつかむ心の練習問題』ダイヤモンド社。

佐藤博樹・藤村博之・八代充史［2019］『新しい人事労務管理（第6版）』有斐閣アルマ。

ハーズバーグ，F.（北野利信訳）［1968］『仕事と人間性——動機づけ—衛生理論の新展開』東洋経済新報社。

濱口桂一郎［2011］『日本の雇用と労働法』日経文庫。

藤本昌代・山内麻理・野田文香編著［2019］『欧州の教育・雇用制度と若者のキャリア形成——国境を越えた人材流動化と国際化への指針』白桃書房。

第8章

ライフキャリアと職業キャリア
女性の視点から

ねらい

2019年6月の「労働力調査」で，女性の就業者数がはじめて3000万人を超えました。日本で働いている人に占める女性の割合は44.5％であり，今や女性の労働なしに日本社会は成り立たなくなっています。とくに医療・福祉分野，卸売・小売業は，女性が支えているといっても過言ではありません。

しかし，男女が同じように働くようになったとはいえ，出産は女性にしかできないことであり，育児期にどう仕事に取り組んでいけばいいのかは仕事を続ける上で大きな関心事です。1986年に男女雇用機会均等法が施行され，30年あまりを経て，育児休業や短時間勤務などの制度も企業内に浸透してきました。女性の働く環境は少しずつ整備され，働き続ける意志があれば働き続けられるようになっています。

男女では，働き方（雇用形態）に違いが見られます。男性は約8割が正社員として働いているのに対し，女性の正社員は半数に満たないのが現状です。女性の中には，結婚・出産を機にそれまで正社員として勤めていた会社を辞め，子どもがある程度大きくなってから，パートタイマーやアルバイト，契約社員として働く人が多数います。雇用形態が違えば，当然，もらえる給料にも差が生じます。生涯賃金で見ると受け取る額にはかなりの差が出ることも知っておいてください。

女性の人生には選択肢がたくさんあるといわれます。どんな道があるのか，そしてその道に待ち受けていることを予測し，対応する力をつけておくことは

大切です。先輩女性の生き方に学ぶことが一助となるかもしれません。また，男性と女性が共同で家庭を築き，運営していくとき，女性が働き続けることに対して男性がどのような考えを持ち，行動するかも重要です。女性のキャリアデザインは，女性だけでなく，男性もともに考えるべき課題です。

　この章では，さまざまなデータをもとに女性労働の現状と実態を理解し，来たるべき未来に向けて，自分自身の働き方をイメージして人生をデザインする際に大切なことを考えていきましょう。

1 　女性労働の実態を知ろう

「人生脚本」の影響？

　2015 年，東京都内の某女子大学の 3 年生に「あなたは将来どんな働き方をしたいですか」と聞いたところ，「専業主婦として生きていきたい」と答えた学生が数多くいたことに衝撃を受けました。時は平成，いまだに「大学を卒業して専業主婦になる」と考えている若者がこんなにも多くいるのかと思ったと同時に，女性の働く現状を正しく伝える必要があると強く感じたことを覚えています。

　男女共学の大学ではどうでしょうか。 2018 年，男女共学の大学の 1 年生に次の質問をしました。あなたは女性の働き方として，現時点で，どの選択肢がよいと思いますか。

（1）　正社員でずっと働く
（2）　結婚・出産を機にいったん仕事を辞めて，子育てが終わったら再度働く
（3）　結婚・出産を機に仕事を辞めて家庭に入る（家事労働，地域を支える仕事にシフトする）
（4）　その他（専業主婦など）

学生は，圧倒的に（2）を選択しました。理由は，「子育ては仕事をしながら

だと負担が大きいと思うから」「育児期は子どもと接して，子どもの教育に専念したほうがいいと思うから」でした。「子どもの教育費用がかかるため，子育てが一段落したら，お金を稼ぐ必要があると思う」という意見もありました。少数ですが，（1）を選んだ学生もいました。「せっかく勤めた会社を辞めるのはもったいない」「いったん辞めてしまうと再就職が難しいと思う」「今は，育児休業など制度が整備されていると思う」という理由をあげていました。

　エリック・バーンが提唱した心理学理論によると，人は幼少期，無意識のうちに自分自身の「人生脚本」を描き，その通りに人生を歩んでいる人が少なくないといいます（バーン［2018]）。人生脚本に最も大きな影響を与えるのは親です。たとえば，医師の子どもに生まれた人は，成長すると医師になる確率が高いといわれます。教師の子は教師に，お寺の子は住職に，というように，自分でも無意識のうちに生き方を決め，それにしたがって行動しているのです。

　「自分の母は専業主婦だった」「自分の母は，保育園を活用して働き続けた」「自分の母は，育児のために銀行を辞めたが，再就職が難しかったといっていた」などと，自分の親や叔母などの姿を見て，それが当たり前であり，自分もそのように生きていくのかなと想像することも，人生脚本の影響と考えられます。しかし，これからみなさんが歩んでいく道は，親が歩いた時代とは相当違うものになるでしょう。もう少し視野を広げて考えていく必要があります。自分の歩む道を適切に選ぶための能力を身につけることが重要です。

女性の生き方はどう変わったか

　みなさんがこれから生きていく時代は，祖母や母の生きてきた時代とは，何が違うのでしょうか。それぞれの20歳のときに社会経済はどのような状況だったか，結婚年齢や子どもの数などのデータの比較や，企業における女性活用の変遷と合わせて，見ていくことにしましょう（表8-1）。

　祖母を75歳と想定すると，彼女が20歳のとき，日本は，高度経済成長期でした。テレビ，冷蔵庫，洗濯機が普及していきます。各種家電製品の登場により，家事にかける時間は飛躍的に短くなって，女性の社会進出が進んだといわれています。しかし，「夫は外で働き，妻は家庭を守るべきである」という考え方に男性の8割，女性の7割が同調していた時代でもあります。

　「戦後確立していく日本型雇用システムにおいて，女性労働のモデルは結婚までの短期的メンバーシップとして純粋化していきます。(略) 場合によっては，女性正社員は，男性正社員の花嫁候補的存在でもありました。こういった事務職場の補助業務を中心とする女性労働モデルを，高度成長期までは，ビジネス・ガール（BG），その後は，オフィス・レディ（OL）と呼ぶことが普通です」（濱口［2014］211-212頁）との指摘からもわかるように，女性は，学校を卒業し，結婚までの間は正社員として働き，その後は家庭に入り，専業主婦として，家族を支えていくという生き方が一般的とされていました。高卒での採用が中心だった時代から，女性の学歴水準の上昇とともに，短大卒採用へとシフトしていきました。1986年に男女雇用機会均等法が施行され，ようやく大卒の女性の採用が増えていくのです。

　母は50歳と想定しましょう。この時代は，バブル景気と呼ばれる好景気からスタートしました。1989年にはじめて女子の大学進学率が男子を超え，1991年には，女子大学生の就職率も史上最高の81.8％となり，男子学生の81.1％を上回りました。それまでは，一律に「事務職」だった女性が「総合

表8-1 ■ 女性の生き方の3世代比較

生まれ年 20歳時		社会経済の状況	女性の生き方の主流	企業の女性採用学歴 働く女性の呼び方
祖母（75歳）	1945年	戦後復興期 高度経済成長期	専業主婦	高卒→短大卒
	1965年			BG（ビジネス・ガール）→OL（オフィス・レディ）
母（50歳）	1970年	バブル景気 平成不況	子育て中断，再就職	短大卒→大卒
	1990年			OL（オフィス・レディ）キャリアウーマン
あなた（20歳）	2000年	世界金融危機 アベノミクス コロナ危機	?	大卒
	2020年			ワーキング・パーソン？キャリジョ？

（出所）厚生労働省「人口動態統計」，総務省「国勢調査」，内閣府「少子化社会対策白書」。

職」と「一般職」のコースを選べるようになりました。男性と肩を並べて働く女性を称して「キャリアウーマン」という言葉が生まれたのもこのころです。

　「総合職」は，男性と同じような働き方が期待され，長時間労働が当たり前であり，1992年に育児休業法が施行されたものの，育児期に働き続けることは，相当の覚悟と周りの協力がなければできない時代でもありました。ですから，出産を機に辞める選択をし，子育てが落ち着いたら再び働く道を選ぶ女性が多かったのです。この流れの中で，2002年には非正規社員が正社員を上回ります。

　バブル経済崩壊後は，平成不況と呼ばれる長い不景気の時代に入っていきました。企業は，経営の建て直しを迫られ，その中で新規卒業者の就職が難しくなりました。企業は，正社員の数をできるだけ少なく抑え，派遣や契約などの非正規社員で需要の増加に対応するようになった結果，職場の中に，総合職，一般職（事務職），契約，派遣の各社員が混在し始めるようになっていきます。比率は若干変わるものの，今もその構成に変化はありません。

　母親世代以降の企業における女性活用の変遷は，3つに分けられます。第1の時代（1986〜1999年）は，均等法や育児休業法などに対応して最低限の制度

女性活躍をめぐる法律	初婚年齢	30〜34歳の未婚率	第1子出産年齢	合計特殊出生率
	24.5歳	9％	25.7歳（1975年）	2.14
第1の時代（1986〜1999年） 　1986年　男女雇用機会均等法 　1992年　育児休業法	25.9歳	13.9％	27.0歳	1.54
第2の時代（2000年代） 　2003年　少子化社会対策基本法 　　　　　次世代育成支援対策推進法				
第3の時代（2010年代） 　2015年　女性活躍推進法	29.4歳（2016年）	34.6％（2015年）	30.7歳（2015年）	1.39（2019年）
	晩婚化		少子化	

整備をした企業が多く，第2の時代（2000年代）は，少子化への危機感の高まりとともに，両立支援制度の充実や職場環境の整備が進みました。そして第3の時代（2010年代）に，女性社員の定着が進む中，活躍推進のために育成や管理職登用に目が向けられるようになってきました（松浦［2014］108-109頁）。

2013年，第2次安倍内閣のアベノミクス成長戦略で，「女性活躍推進」が叫ばれました。その後，「働き方改革」の大号令のもと，育児休業や短時間勤務制度がさらに充実し，結婚・出産を経ても仕事を辞めることなく働く女性が増えてきています。これからの時代は，雇用政策としても女性の労働が期待されています。

祖母・母の時代には女性の平均的な働き方がなんとなく見えていました。しかし，みなさんの時代は，仕事を短期的な視点でとらえるのではなく，長期的に人生の中でどう位置づけていくかを自ら考えることが必要な時代になっているのです。

女性労働の現状

（1）　女性の労働が社会を支えている

2018年の女性就業者について，産業別の男女構成を見ると，女性比率の高い業種は，1位が医療・福祉（76.9％），続いて宿泊業・飲食サービス業（64.2％），生活関連サービス業・娯楽業（61.1％），そして，教育・学習支援業（56.1％），5位に金融・保険業（54.0％），6位が卸売業・小売業（52.2％）です。以上の産業では，半数以上を女性労働者が占めており，女性によって支えられているといえます。

女性就業者数の多い業種を見ると，医療・福祉が617万人で女性雇用者総数の23.1％を占めており，以下，卸売・小売518万人（19.4％），製造業302万人（11.3％），宿泊業・飲食サービス業231万人（8.6％）となっています。しかも，これらの業種で働く女性の数は年々増えています（厚生労働省［2018］）。

（2）　女性の働き方は「非正規」が多い

2019年時点において，女性労働者は56％が非正規の労働者であり，男性の22.2％を大きく上回っています（総務省［2020］）。労働市場の半分は女性ですが，男・女の雇用形態には違いが見られます。

雇用形態別構成割合を見ると，1985年には，女性の67.9％，男性の92.6％が正社員でした。1985年に女性の正社員比率が高かったのは，結婚までの比較的短い期間，正社員として働くスタイルが確立していたからです。以降30年間で，社会環境の変化とともに，パート・アルバイトや派遣社員，契約社員といった働き方が増えてきました。

　図8-1は，非正規社員として働いている理由別の非正規社員数を示しています。年齢によって差がありますが，35～44歳の女性では「家事，育児，介護等と両立しやすいから」が，同じく45～54歳では「家計の補助，学費などを得たいから」が多くなっています。

(3)　正社員と非正規社員との賃金差

　次に，正社員と非正規社員には，どれくらいの賃金の差があるのでしょうか。2019年の「賃金構造基本統計調査」(厚生労働省) によると，正社員を100としたとき，男女計で64.9，男性で66.8，女性で70.2でした。正社員には年齢とともに賃金が上がっていく傾向が見られますが，非正規社員は年齢にかかわらずほぼ同じ金額になっています。女性正社員の月例賃金の最高額を100とすると，非正規社員の最高額は63.8でした。

　また，女性が結婚や出産などの理由で仕事を辞め，子育てが一段落した後に

図8-1 ■ 非正規社員として働く理由

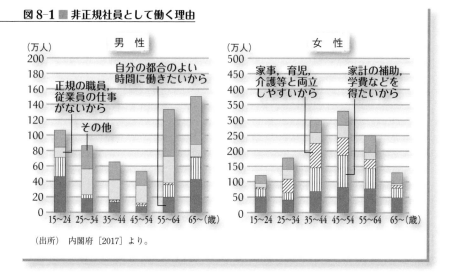

（出所）　内閣府［2017］より。

再び働いた場合と，ずっと正社員として働いていた場合では，公的年金も含めた生涯賃金に大きな差が出てきます。その差は，高卒の場合は約1億円，大卒の場合は約2億円と試算されています（周［2019］）。離職にはそれぞれの理由があり，複合的に考えた上での選択だと思います。しかし，選択をする際の判断材料として，この金額も頭に入れておいてもらいたいと思います。

2　日本の女性労働の特徴

出産・育児期に就労者数が減る

　日本の女性労働の特徴として，「M字型労働力率」がいわれてきました。労働力率とは，簡単にいうと，それぞれの年代でどのくらいの人が働いているかということです。図8-2にあるように，1978年では25〜29歳のところが急激に下がっています。当時の女性は25歳までに結婚するのがよいとされていました。学校卒業後に就職するけれども，25歳までに結婚などで徐々に辞めていき，35〜39歳のところ，つまり子育てが一段落した辺りで再度働く女性が多くいました。

図8-2 ■ 女性の年齢階級別労働力率の推移

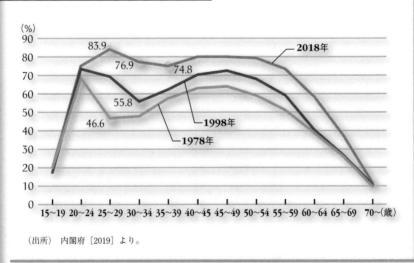

（出所）　内閣府［2019］より。

1998 年では，最も低くなっている年代が 30～34 歳です。これは，結婚年齢が高くなったことも影響していますが，結婚後も働き続けるけれども，出産を機に辞める人が多かったことが 1 つの要因として考えられます。そして 2018 年は，25～29 歳が 83.9 ％で，低くなっている 35～39 歳でも 74.8 ％の人が働いています。年々，M 字の谷の部分が浅くなっているのがわかります。徐々にではありますが，女性が結婚や出産で職を離れない傾向が顕著になってきています。

女性管理職が少ない

（1）　管理職に占める女性の割合

次に，管理職に占める女性割合を見てみましょう。女性就業者の割合は，どの国も 4 割前後です。しかし管理職については，国によって違いが見られます。フィリピンでは，管理職比率（51.5 ％）が，就業者比率（37.9 ％）よりも高くなっています。アメリカも女性管理職比率の高い国です（就業者比率 46.9 ％／管理職比率 40.7 ％）。他方，韓国と日本は 10 ％台にとどまっています（韓国 42.5 ％／12.5 ％，日本 44.2 ％／14.9 ％。内閣府［2019］）。

フィリピンでは，大切な仕事は女性に任せるのがよいという考え方が一般的だそうです。一方，アメリカの女性管理職比率は，たしかに高いのですが，経営戦略部門やファイナンス部門は男性管理職が大半を占めており，女性管理職は人事・教育・広報部門に偏っています。この点が女性たちの不満の種になっているといわれます。

（2）　就労継続の状況

日本の雇用システムの特徴の 1 つは，昇進スピードが遅いことであり，女性の管理職が少ないのは，出産を機に退職する人が多かった，つまり，昇進する前に辞めてしまっていたからだといわれています（脇坂［2020］）。厚生労働省のデータによれば，2005 年の総合職新規採用者の 10 年後の離職者割合は，女性 58.6 ％，男性 37.1 ％です。1995 年にさかのぼり 20 年後の離職者割合を見ると，女性 85.8 ％，男性 36.6 ％です。課長職相当になっている人は，男性で 24.8 ％に対し，女性はわずか 2.1 ％です。女性の勤続年数が短いことは，昇進スピードが遅い日本の雇用システムの中で，女性管理職をつくりづらくしてい

ます。

　では，昇進スピードを早くすれば問題は解決するのかといえば，そうではないようです。昇進スピードの速い企業よりも遅い企業のほうが女性の管理職が多くなっているからです。脇坂［2020］は，ワークライフバランスを進めていくことで女性管理職は増えると述べています。

未来の展望：明るい兆し？

（1）　出産前後の就労経歴

　出産を経験しながら働き続けている女性の数は増えています。図8-3の有職者割合を見ると，直近の調査でようやく50％を超えました。「キャリアの分かれ道は第1子出産前後での就労継続の可否である」（周［2020］）という観点からいえば，第1子出産後に就労を継続している人たちが増えている事実から，今後は育児期にも仕事を辞めない人が増えていくことが予想されます。

図8-3 ■ 子どもの出生年別，第1子出産前後の妻の就労経歴

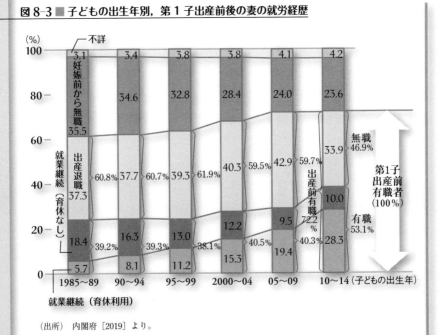

（出所）　内閣府［2019］より。

（2）　性別役割分業や女性が働くことに対する意識の変化

　女性の働き方に影響を与えるものに「男性の意識」や「社会の意識」があります。「夫は外で働き，妻は家庭を守るべきである」という性別役割分業の考え方に賛成する割合は，1979年に女性70.1％，男性75.6％でした。その後，賛成の割合が徐々に減少し，2016年には女性37.0％，男性44.7％になりました。約40年の間に人々の意識がずいぶん変わってきたといえます。

　また，内閣府［2019］によると，女性が職業を持つことに対する意識調査で，2016年には，「子どもができても，ずっと職業を続ける方がよい」と回答する人が男女とも半数を超えました（図8-4）。

　人々の考え方は少しずつ変化しています。出産・育児を経て働き続けるのはよいことだと考える人の割合が増えていけば，女性の長期勤続者が増え，女性管理職の割合も高まっていくと予想されます。

図 8-4 ■ 女性が職業を持つことに対する意識の変化

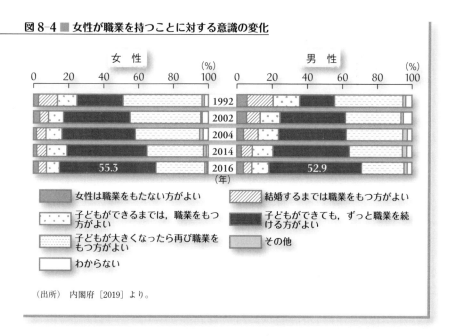

（出所）　内閣府［2019］より。

3 人生の中に仕事をどう位置づけるか
——働く先輩からのメッセージ

　前節まで，さまざまな角度から，女性の働く実態をデータで確認しました。この節では，実際に働いている女性から，これから働くみなさんへのメッセージをご紹介しましょう。企業の働く環境や仕事を続けていくにあたっての障害と思われることをどう乗り越えたか，あるいは，いま乗り越えようとしているかなど，心の葛藤も含めてありのままの思いを語ってもらった講義の記録です。

A さん：第 1 子育児を夫と協力して行う育児休業中のワーキングマザー

　大学では経営学を学び，2008 年卒業後，食品メーカーに入社しました。就職活動のとき会社選びのポイントとしたことは，「長く働けること」「女性の目線を生かせること」「社員が和気藹々と仕事をしていること」でした。

　私の仕事は，業務用の開発マーケティング営業で，外食チェーン店の本部へ自社製品を売り込んだり，外食チェーン店の担当者とともに新メニューの開発を行ったりしています。

　入社当初から子どもができてもずっと働く予定だったため，妊娠がわかったときも何の迷いもなく働き続けることが当然だと思っていました。社内で育児期に利用できる制度として，①短時間勤務（子どもが小学 4 年生まで），②在宅勤務（週 4 日まで），③スーパーフレックスタイム，④時間単位有給休暇などがあり，これらの制度は多くの先輩たちが利用していました。

　みなさんに一番伝えたいことは，働き続けたいなら，社会は女性の働きやすい職場に変わりつつあるから，仕事と育児の両立に必要以上に不安がることはないということです。

　逆に，これだけ会社で女性の働き続ける環境が整備されてくると，子育て中だからといった特別扱いはされなくなります。仕事に対する成果がしっかり求められるので，それに応える必要があるため，女性はもっと力をつけていかなくてはならないと思っています。これからは，女性の働く姿勢が問われてくるのではないかと思います。育児休業明けの先輩から「育

児休業は長くとれるが，自分が休んでいる間の会社の動きが早く，復帰後のギャップがとても大きかった」といった話を聞きます。私はこれから職場に復帰するのですが，いま自宅でできる勉強をしたり，新聞などを読んで社会の変化に目を光らせたりしています。幸い夫が同じ会社で，会社の状況は聞くことができるので，その点は安心しています。

　また，復帰にあたっては，子どもを保育園に預け，何かあったときには実家の母に協力を依頼する予定ですが，夫の家事，育児協力は欠かせないのではないかと思っています。

　Aさんは，講義の教室に家族揃ってきてくれました。彼女はベビーカーを押して颯爽と登場し，彼女の話が始まる前に夫がベビーカーを押して，教室の外に出ていきました。その光景がとても自然で，新しい夫婦の形を見せてもらった気がしました。

Mさん：子ども4人を育てながら，生き生きと働くワーキングマザー

　大学で法学を学び，2000年に卒業後，大手製造メーカーに入社しました。営業企画部で仕事をした後，人事部へ異動になりました。当時，人事部で扱うさまざまな手続きは紙で行われており，その申請を電子化するプロジェクトの一員に抜擢されました。従来の手続きを抜本的に見直す骨の折れる作業でしたが，他のメンバーは熱い人ばかりで，「何が何でも変えるんだ」と気持ちを1つにして進めました。プロジェクトが軌道に乗り始めたころ，第1子を妊娠しました。出産してから仕事を続けることは考えていませんでしたが，「このメンバーとなら新しい世界を見てみたい」と思い，育児休業を取得しました。

　復帰後の生活は，思っていたものとはまったく違いました。朝起きてから寝るまで，息つく間もないほどの忙しさ，最初のうちは，夜8時には子どもより先に死んだように眠りに就いていました。短時間勤務の制度を利用していて，勤務時間が短い上に子どもの病気で急な休みをとることも頻繁にあり，自分が職場のお荷物になっているのではないかと考えたこともありました。そこから抜け出すには少し時間がかかりました。

　　光が見えるようになったのは，社内のワークライフバランスを推進した
いと思うようになってからです。新しい考え方，新しい働き方をどうやっ
て浸透させていくか，会社の基本的な理念に合わせながら新しい提案をす
るのは，とてもやりがいのある仕事でした。

　　気持ちの変化もありました。できないことに目を向けてばかりでは何も
変わらないので，できることに集中して，きっちりやっていこうと思うよ
うにしたのです。自分一人で頑張ることをやめ，家庭では夫や義母に，職
場では仲間に協力をお願いしてみると，いろんなことがうまく回り出しま
した。思い通りに進められないときに相手のせいにしたり，環境のせいに
したりすることもやめ，「行動を起こしたかどうか」のみ自分に問いかけ
るようにしたのです。そういう気持ちで仕事に向き合うようになったころ，
第2子を妊娠しました。そのときは，もう辞めるという選択肢は浮かび
ませんでした。

　　ワークライフバランスを浸透させることは，10年がかりの息の長い仕
事だと思っています。今は，10年後に会社の風景がどう変わるのかが楽
しみです。

　Mさんに，キャリアとは何かを問うと，「キャリアとは，『自分が行動した
すべてのこと』。山登りをイメージするとつらいことのように感じてしまうが，
川下りをイメージして，いろんな波に乗りながら，時には流れに身を任せたり，
自分の腕を磨いて，また次の波を待ってみたり，キャリアの道中の思いがけな
い収穫をしっかり味わいながら，目の前のことに一生懸命取り組んでいきた
い」と語ってくれました。

Eさん：「人生100年時代，80歳まで元気に働きたい」と語り，さまざまなチャレンジをし続けながら，しなやかに生きる女性

　　私のキャリアは挫折からのスタートでした。1981年に高校を卒業後，
保険会社に入社しました。大学進学希望だったのですが，受験に失敗し，
父親から「女性に学歴はいらない」といわれ，しぶしぶ地元に支店のある
会社に就職を決めました。入社後に知ったのですが，その会社は，当時の

文系短大女子希望会社全国 6 位の上場企業だったのです。入社を希望したのにできなかった人に恥じない働き方をしないといけないと心に決め，仕事に専念することにしました。

　仕事は営業事務でした。何年か働く中で，支店内の部署異動を重ねながら仕事の幅を広げていきました。希望した異動もあれば，不本意な異動もありましたが，いま思えば，「異動」はいろいろな変化と新しい仕事にチャレンジする機会を与えてくれました。入社 25 年目には，地方支店から本社部門に社内公募の制度を利用し異動しました。社内公募は，20 代後半に一度，手をあげたものの，上司の承認を得られず断念したことがありましたが，このときは，支店での 25 年間で培ったものを武器に支店でやりづらいと感じていたこと，支店内では変えられないことを本社でやってみたいと強く主張して，認められました。

　私は，入社 38 年目を迎えますが，キャリアに正解はないと思っています。自分がこれでよかったと思えるように自分のキャリアを正解にしていくことが大切なのだと思います。他社のことはよくわかりませんが，雑誌などを見ると「転職してステップアップ」という記事を見かけることが多いです。でも，1 つの会社でもキャリアは積むことができるのです。挫折や失敗があっても，自分が想定する範囲外のことを考えられる機会と考えればいいし，想定外のことが起こると新しい選択肢が広がるチャンスととらえるようにしてきました。

　50 歳くらいから，自分の市場価値を意識するようになり，資格にチャレンジしています。これまでに産業カウンセラー，キャリアコンサルタント，消費生活アドバイザーの資格を取りました。そして，今は大学で学んでいます。

　企業で長年にわたり，女性活用の施策を目の当たりにしてきた E さんは，学生に向けて，次のようなメッセージを送ってくれました。「女性に対する人事制度は，昔からいい意味では柔軟ですが，ある意味では，ロールモデルをつくれないくらい目まぐるしく変わって，振り回されているなと思うこともありました。しかし，最近では，女性活躍推進で女性管理職率目標 30 ％を掲げて

いて，女性の管理職が増えてきたり，一緒に仕事をしている仲間にも育児休業や短時間勤務の人が多くなったりと，仕事を続けたい女性にとっては働きやすくなってきていると思います。だからこそ，自分に合ったキャリアのつくり方を考える必要があるのだと思います」。

　3 人のメッセージをみなさんはどう感じたでしょうか。筆者（齋藤）が感じたことは，①この 30 年で，企業で働き続ける女性の環境は着実に変化をしているということ，②長く勤めるためには，仕事で成長し続ける（自分の価値を上げ続ける）努力が大切であるということ，③目の前の課題に着実に向き合いながら，長期の目標を見据えて取り組む姿勢が必要であるということです。

　人生は不確実性に満ちています。収入の高い男性と結婚し，専業主婦になったとしても，何が起こるかわかりません。夫が病気になって稼げなくなるとか，夫の死，あるいは何らかの理由で離婚するかもしれません。何が起こっても対処できる（生活費を稼ぐ能力がある）力と困難を乗り切る知恵を身につけておくことは重要です。

●こんなことも考えてみよう！

▶**1**　正社員と派遣社員の仕事や待遇の違いを比べてみよう。

▶**2**　女性労働力率が高い都道府県はどこでしょうか。なぜ労働力率が高いのでしょうか。理由も考えてみよう。

●参考文献

厚生労働省雇用環境・均等局 ［2018］「平成 30 年版　働く女性の実情」。

周燕飛 ［2019］『貧困専業主婦』新潮選書。

周燕飛 ［2020］「育児期女性の職業中断――子育て世帯全国調査から」『ビジネス・レーバー・トレンド』2020 年 3 月号。

総務省 ［2020］「労働力調査（基本集計）2019 年（令和元年）平均結果」。

内閣府 ［2017］「平成 29 年度　年次経済財政報告」。

内閣府 ［2019］「令和元年版　男女共同参画白書」。

博報堂キャリジョ研 ［2018］『働く女の腹の底――多様化する生き方・考え方』光文社

新書。

濱口桂一郎［2014］『日本の雇用と中高年』ちくま新書。

バーン，E.（丸茂ひろみ・三浦理恵訳）［2018］『エリック・バーン　人生脚本のすべて
　　——人の運命の心理学　「こんにちは」の後に，あなたは何と言いますか？』星和書
　　店。

松浦民恵［2014］「企業における女性活用の変遷と今後の課題」経団連出版編『企業力
　　を高める——女性の活躍推進と働き方改革』経団連出版。

脇坂明［2020］「女性活用『短時間正社員』の重要性」『ビジネス・レーバー・トレン
　　ド』2020 年 3 月号。

第9章

ライフキャリアと職業キャリア
男性の視点から

ねらい

　性別にかかわりなく，人々の働き方が急速かつ大きく変化しています。

　日本人は，かつて高度経済成長期に，欧米諸国から「エコノミックアニマル」（経済的利潤の追求を第一として活動する人を評した批判的な表現）と揶揄されるほど，仕事一筋で働き続けた時代がありました。

　1980年代後半，これを象徴するテレビCMがありました。「24時間戦えますか（略）ジャパニーズ ビジネスマン」という某栄養ドリンクのCMソングを，多くのサラリーマンが口ずさんでいました。

　当時は，会社で長時間働くことが美徳とされていたのです。とくに男性は，家庭を顧みず，家事・育児はすべて配偶者に任せ，自分の趣味や娯楽なども含めてプライベートは二の次でした。サービス残業（賃金不払い残業）も当たり前でした。

　当然こんな時代には，ライフキャリアなどといった言葉が意識されることはほとんどありませんでした。この章では，近年の「働き方改革」を手がかりに，これからはどのような働き方が求められるかについて理解を深めます。

1　働き方改革で日本の未来が変わる？

　「ワークライフバランス」を重んじる価値観が浸透しつつあることにより，労働のみならずプライベートな時間も含めたライフキャリアの考え方が大きく変わってきています。ワークライフバランスとは，仕事と生活の調和を意味し，「国民一人ひとりがやりがいや充実感を感じながら働き，仕事上の責任を果たすとともに，家庭や地域生活などにおいても，子育て期，中高年期といった人生の各段階に応じて多様な生き方が選択・実現できる社会」と定義されています（内閣府ウェブサイト）。

　老若男女誰もが，仕事，家庭生活，地域生活，個人の自己啓発など，さまざまな活動について，自ら希望するバランスで展開できる状態であることが望まれます。その点からすると，これまでの日本の男性の働き方は，仕事中心（職業キャリア）に偏っていました。しかし，「人生100年時代」（グラットン＝スコット［2016］）の到来が夢ではなくなりつつあることを踏まえると，職業キャリアのみでなくライフキャリアの充実についても真剣に考えていかなければなりません。

　また一方で，これまでの章でも何度か指摘してきたように，日本社会では少子高齢化が猛スピードで進み，生産年齢人口が減少しています。こうした現状を受けて，2016年に第3次安倍内閣は，「働き方改革」の取り組みを提唱しました。この改革により労働力不足を解消して，「一億総活躍社会」をつくるとし，そのために，①（現在の）働き手を増やす（女性や高齢者を対象），②出生率を上げて将来の働き手を増やす，③労働生産性を上げる，という3つの柱が掲げられました。しかし，その実現には，いくつかの大きな課題があり，そのための対策が表9-1のように示されました。これらはワークライフバランスとも密接に関係しています。

　それらの課題を克服するために，2018年，「働き方改革を推進するための関係法律の整備に関する法律」（働き方改革関連法）が成立しました。長時間労働の是正や，非正規という言葉の一掃を謳い，子育て・介護と両立できる働き方を可能にするような法制度を目指すものでした。実際にも，時間外労働の上限

規制の導入，年次有給休暇の確実な取得，同一労働同一賃金など，これまでなかなか手がつけられなかった事柄に関する法律が，次々と改正・施行されています。労働者がそれぞれの事情に応じた働き方を選択できる社会へと前進していくための措置だったといえます。

2 ワークライフバランスが求められる背景

共働きの増加

　男性の働き方を考える際に，女性の働き方の変化を注視することは非常に重要です。前章で見たように，長い期間をかけて，女性の働き方は変化を遂げてきました。その現れの1つとして，共働き世帯が上昇の一途をたどり，1990年代後半には専業主婦世帯を逆転しました（図9-1）。

　職場も家庭も，男女の協力関係なしでは成り立たなくなっています。したがって，男性の働き方にも変化が求められています。ところが，家事や育児への男性の参画度に，顕著な上昇は見られていません。「平成30年度　雇用均等基本調査」（厚生労働省［2019］）によると，育児休業取得者の割合（男女別）は次のようになっています。

・女性：82.2 %（対前年度比1.0ポイント低下）
・男性：6.16 %（対前年度比1.02ポイント上昇，6年連続で上昇）

表 9-1 ■「働き方改革」実現のための課題と対策

課　題	対　策
長時間労働の是正	時間外労働の法改正 三六協定の見直し
正規・非正規の不合理な格差是正	同一労働同一賃金の実効性を確保する法制度の整備 非正規雇用労働者の正社員化推進
高齢者の就労促進	65歳以降の継続雇用延長 65歳までの定年延長を行う企業に対する支援 企業における再就職受入支援や高齢者の就労マッチング支援

　みなさんは，この数値を見てどう感じますか。女性の取得率が頭打ちになっている一方で，男性は 6 年連続で上昇しています。2012 年度の男性の取得率は 1.89 ％ですから，6 年間で 3 倍に上がったわけです。しかし，女性の 8 割に対し，男性は 1 割にも達していないという現実を受けとめなければなりません。

　日本の父親の育休取得率は，先進諸国の中でもきわめて低い水準にあります。育児休業制度の仕組みや処遇などが違うため単純比較はできませんが，日本に近かったドイツの例を紹介しましょう。同国では，「育児は母親の仕事」と見なす価値観が根強く，父親の育休取得率は 2006 年時点で 3.5 ％でした。それでも日本よりはまだ高かったのですが，ヨーロッパの中では低水準でした。しかし，政府による家族政策の改革を経て，男性の育児休業取得率（両親手当て取得率）が 34.2 ％（2014 年に生まれた子に関して）にまで改善しました（飯田 ［2018］）。

　このときの，ドイツ政府による家族政策とはどのようなものだったのでしょうか。ポイントは，以下の 4 点だったと考えられます。①所得保障の強化，②育休需要の顕在化，③社会通念の変化，④受け入れ体制の確立です。もちろん，日本がそのまま真似ることはできませんが，男女共同参画社会を実現する上で

図 9-1 ■ 専業主婦世帯と共働き世帯の推移

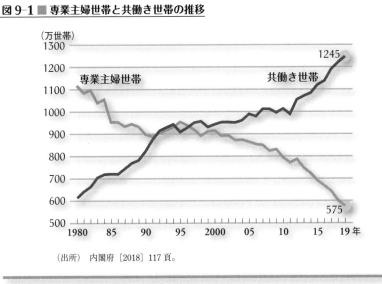

（出所）　内閣府［2018］117 頁。

参考になる経験です。

これから増える独身男性の親の介護

　育児と同様，介護についても，一般的には女性に負担が偏っているといわれています。その一方で，以下のような事例もあります。これは実際にあった事件です。男性による介護ということだけでなく，仕事との両立や，社会保障のあり方など，さまざまな問題を考えさせられます。

　2006年2月1日，京都市伏見区の桂川の遊歩道で，区内の無職の長男（事件当時54歳）が，認知症の母親（86歳）の首を絞めて殺害，自身も死のうとしたが未遂に終わった「京都・伏見認知症母殺害心中未遂事件」が起きた。

　1995年に父親が病死後，母親が認知症を発症。10年後には夜間徘徊して警察に保護されるようになった。長男は続けていた仕事を休職して介護にあたり，収入がなくなったことから生活保護を申請したが，「休職」を理由に認められなかった。

　親の症状がさらに進み，やむなく退職。再度の生活保護の相談も失業保険を理由に受け入れられなかった。母親の介護サービスの利用料や生活費を切り詰めたが，カードローンを利用してもアパートの家賃などが払えなくなり，長男は母親との心中を考えるようになる。

　そして2006年真冬のその日，手元のわずかな小銭でコンビニでいつものパンとジュースを購入。母親との最後の食事を済ませ，思い出のある場所を見せておこうと車椅子を押しながら河原町界隈を歩く。やがて死に場所を探して河川敷へと向かった。

　「もう生きられへんのやで。ここで終わりや」という息子の力ない声に，母親は「そうか，あかんのか」とつぶやく。そして「一緒やで。お前と一緒や」というと，かたわらですすり泣く息子に，「こっちに来い。お前はわしの子や。わしがやったる」。その言葉で心を決めた長男は，母親を殺害。自分も自殺を図るが通行人に発見され，長男だけが命を取り留めた（毎日新聞大阪社会部取材班［2019］を一部修正）。

　こうした最悪のケースを避けるためにはどうすればいいのでしょうか。日本において，このまま男性の家事不参加が続けば，1 人で介護をしなければならなくなった男性たちの多くが，そうなるまでほとんど家事をしたことがないという現実からスタートせざるをえなくなります。それでも，ほかに担ってくれる人がいなければ，自分が会社を辞めて介護するしかないかもしれません。そうした男性たちに，毎日続く家事が強いストレスになってのしかかります。会社では優秀な社員だったとしても，母親の下着を買いにいったり，おむつを交換するといったことに関しては戸惑うばかりです。少子高齢化が進む日本において，こうした事例を他人事と受け流すわけにはいきません。

「人生 100 年時代」の到来

　このように深刻な介護問題を抱えつつも，日本人の平均寿命は毎年確実に延びていっています。第 1 章でも紹介しましたが，2019 年の日本人の平均寿命は，女性は前年に比べ 0.13 歳延びて 87.45 歳に，男性は 0.16 歳延びて 81.41 歳となり，ともに過去最高を更新しました。職業キャリアについても，これまで以上に長期の視点で考えることが求められるようになってきました。

　図 9-2 は，社会人のキャリア研修や大学の授業で，筆者（徳山）がよく使っている図です。この図に「現在」とあるのは，すべての「あなた」にとってのそれを指します。65 歳は現在の企業における一般的な引退年齢を示していま

図 9-2 ■ キャリアデザインの考え方

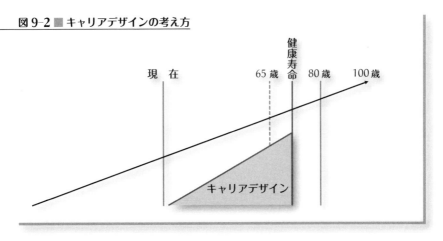

す。80 歳は男性の平均寿命，100 歳は人生 100 年を意味します。

　社会人とのキャリア面談で，老後のキャリアについて相談を受けることがあります。具体的に老後をどう過ごしたいかを聞くと，多くの人が「定年まで頑張って働いて，退職金をもらってからじっくりと考えたい」と答えます。これでは，老後のセカンドあるいはサードキャリアは描けません。

　この図に健康寿命線が示されています。健康寿命とは，平均寿命から寝たきりや認知症など要介護状態になる期間を差し引いた期間と定義されています（WHO が提唱した新しい指標です）。たしかに，平均寿命が延びても健康でなければやりたいことも十分にできないでしょう。内閣府の調査によると，2016 年に男性の健康寿命は 72.14 歳でした。65 歳の引退から 7 年しかありません。つまり，引退を迎えてから老後を考えるのでは遅すぎるのです。健康寿命はキャリアデザインにとって不可欠な概念です。学生時代から老後の目標を立てる必要はないとはいえ，生涯のキャリアデザインを考える上では認識しておくといいでしょう。

雇用形態の多様化

　ここ 30 年ほどの間に，企業や社会の変化を受けて，働き方（雇用形態）の選択肢が大きく広がりました。正社員，契約社員，派遣社員，嘱託（シニア）社員，パートタイマー，アルバイト，ほかにもノマドワーカー（Column 4）など，「ダイバーシティ」という言葉に象徴されるような，多様な働き方が生まれています。

　顕著なのは，非正規雇用者の増加です。図 9-3 によれば，「正規の職員・従業員」は，1989 年の 3452 万人が 2018 年には 3423 万人となり，29 万人減少しました。一方「非正規の職員・従業員」は，817 万人から 2117 万人と 1300 万人の増加となり，雇用労働者に占める割合は 19.1 %（1989 年）から 38.2 %（2018 年）と 19.1 ポイント上昇しました。非正規雇用が一気に増加したことがわかります。

　また近年は，転職がめずらしくなくなってきました。かつては，新卒で入社した会社を退職して転職や独立をするとなると，裏切者とか敵前逃亡などと非難されたことを思えば，時代は変わりました。

Column 4 ■「ノマドワーカー」がこれからの働き方に……

　ノマド（nomad）とは英語で「遊牧民」や「放浪者」という意味です。転じて，ノマドワーカーとは，時間や場所に縛られない働き方をする人たちのことを指します。彼（女）らは決まったオフィスではなく，さまざまな場所で働きます。

　カフェで，パソコンを開いて仕事をしている人や，試験勉強にいそしんでいる学生を見かけることが多くなりました。インターネットの普及により，働き方・学び方の選択肢が増えています。

　さらに，コロナ禍において否応なく在宅勤務を求められたことも影響し，仕事によっては自由に働く場所を選べるようになりました。働く場所の概念が大きく変わったのです。かつて，オフィスは「理由がなくても来る場所」でしたが，最近の変化によって「理由があるときにだけ行く場所」に変わりつつあります。

　みなさんが就職するころには，ノマドワーカーが当たり前になっているかもしれません。

図9-3 ■非正規の職員・従業員の人数および割合の推移

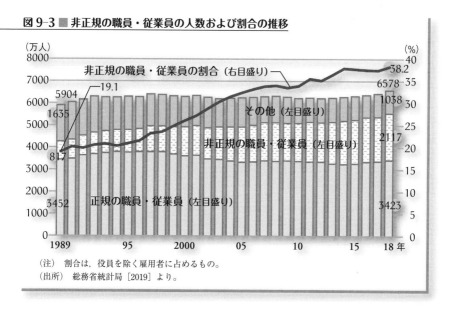

（注）　割合は，役員を除く雇用者に占めるもの。
（出所）　総務省統計局［2019］より。

　それから，学生と面談していて，「就職はするがいずれは独立したい」という声をよく聞くようになりました。たしかにこれからは，「雇われない働き方」も，より有力な選択肢の1つになっていくでしょう。具体的には，起業したり（営利・非営利を問わず），専門フリーエージェント（フリーランス）として働いたりすることです。

　働き方を，「組織とのかかわり方」によって分類してみましょう。大まかには，①1つの会社で定年まで勤める「一企業キャリアコース」，②複数の企業に勤める「複数企業キャリアコース」，③企業には雇われない「独立自営キャリアコース」の3つが考えられます。みなさんは，どのキャリアコースを目指したいですか。

　これからの日本では，上述したような高齢化による職業キャリアの長期化を受けて，定年年齢が70歳まで延びる可能性があります。企業は，賃金・退職金・生産性など，人件費にかかわる課題を複数抱えることになるでしょう。こうした中では，かつて多数派だった「一企業キャリアコース」は維持が難しくなっていくおそれがあります。企業の雇用スタイルが「メンバーシップ型」から「ジョブ型」に変化し（第7章参照），新卒正規社員の一括大量採用から，「必要なときに必要な人を採用する」通年採用に変わるかもしれません。これまで以上に転職が当たり前になり，人材の流動化が起きることが予想されます。そうなれば当然，労働者側の働き方も変わらなければなりません。

3　自律的なキャリア

大企業志向を考え直す

　前節で見たような変化によって，人々のキャリア形成は，これまでの「組織任せ」から，自己決定・自己責任に基づいて「個人主体」で行われるものへと，変化していくでしょう。

　とにかく大企業に入ってしまい，あとは定年まで大過なく過ごそうというような「組織ぶら下がり型」の人間は徐々に減っていくと思われます。とはいえ，今でも「大手企業やブランド企業に入社したい」という学生は少なくありません。中小企業から内定をもらっていても，大手企業の内定を得るまでは返事を

保留し，運よく大手から内定が出ると中小企業のほうをキャンセルするケース
も見受けられます。

　このことを否定するものではありません。かつて，こうした大企業志向はご
く当たり前でした。というのも，給与などの処遇に関し，大企業と中小企業の
間には格差があることが知られています。にもかかわらず，大手企業の新卒一
括採用の機を逃すと，生涯，中小零細企業で働くことになる可能性が高かった
からです。

　しかし，今後ジョブ型の雇用スタイルが増え，通年採用で必要なときに必要
なだけ採用するということになるとしたら，どうでしょうか。即戦力になる実
務経験を積んだ人材（人財）が重宝されるようになります。新卒時に大手企業
に入れなくても，縁あって入社した会社で地道に実務経験を積んでいけば，そ
の実績いかんで大手企業などへの転職（キャリア採用）の道が大きく開けます。
どうしても大企業に入りたいと思いながら新卒時に思うような就活ができなか
った場合でも，長い人生の中で挽回のチャンスは必ずあるといえます。

大企業から中小企業への転職

　大企業志向にどのくらい意味があるのかということを，もう少し考えてみた
いと思います。ある男性Yさん（大卒，独身，30歳）の事例を紹介します。図9-
4は，Yさんの転職の概要をまとめたものです。

　　Yさんは，都内の有名私立大学を卒業と同時に大企業A社に入社し，順
　風満帆なサラリーマン人生を送っていました。ところが，入社5年が過
　ぎた辺りから，なんとなく仕事へのやりがいを感じなくなりました。やっ
　ている仕事が自分でなくてもできることばかりで，しかも先輩や上司への
　忖度で自分の評価が左右されることに疑問を抱き始めました。
　　転職の理由は，自分の力とは関係のない要因で人生が左右されるのは我
　慢できない，と感じたからです。A社や職場の仲間が嫌になったから転職
　を決意したわけではありませんでした。しかも，転職先に選んだのは，大
　学時代には見向きもしなかった小規模企業のB社でした。給与もボーナ
　スも下がりました。ただ，入社1年目のYさんでも仕事を任され，A社

とは比較にならないくらい忙しくなりました。自分が求められている，頼りにされているという実感を持てるようになったといいます。ミーティングでも，自分が納得できるまで意見を交わす文化があります。毎朝，目が覚めると「きょうは〇〇の仕事をするぞ」「エージェントに挨拶に行かなきゃ」など，ワクワクしながら出社する日々だそうです。

図 9-4 ■ 大企業から小企業への転職：Y さんの事例

A 社

従業員数：4000 名
平均年齢：42 歳
事業内容：業務システム開発
　　　　　（SE）
担当業務：新卒採用担当，人
　　　　　事制度少し

休日：たまに出社。それ以外
　　　はゴロ寝
在籍期間：7 年半

B 社

従業員数：30 名（入社当時）
平均年齢：32 歳
事業内容：マーケティングサー
　　　　　ビス開発
担当業務：人事部立ち上げ，人
　　　　　事制度構築，新卒・中途採用
　　　　　制度企画，その他何でも
休日：職場の友人に勧められサ
　　　ーフィン
在籍期間：1 年（在籍中）

表 9-2 ■ 大企業と中小・ベンチャー企業のメリット比較

大企業で働くメリット	中小・ベンチャー企業で働くメリット
・福利厚生が充実（家賃手当て・ローン手当て・扶養手当て・年金退職金制度・出張手当て・食費手当て等々） ・オフィス（職場）の諸設備が充実 ・人生の先輩が多い ・将来の収入・生活が読みやすい（キャリアデザインの安定性） ・大企業ならではの人事課題に直面することができる（賃金制度設計，定年後再雇用，労働組合との交渉，中年社員のスキルアンマッチ等）	・自己裁量が大きい（自分がやらなきゃ誰がやる） ・経営に直結した仕事ができる（プレッシャーがあるが，やりがいを感じやすい） ・自分の頑張りが組織の成長に直結する ・新しいこと，チャレンジが推奨される（「まずやってみよう」という文化） ・経営陣，従業員が勉強熱心（主体性が高く，勉強熱心な人が多い）

　みなさんは，Yさんのことをどう思いますか。給与もボーナスも下がり，仕事も忙しくなっているのに，なぜB社が楽しいのか，疑問に思うのではないでしょうか。これには，大企業と中小・ベンチャー企業との体質や文化の違いが影響していると考えられます。表9-2は，それぞれのメリットをまとめたものです。ひと言でいえば，大企業は，労働条件が整っていて安定しているのに対し，中小・ベンチャー企業は，経営者との距離が近く，チャレンジングな仕事を任せてもらえる点が特徴になっています。

　そもそも日本の企業の99.7％は中小企業です。中には長い歴史や伝統を持ち，高品質の商品・サービスを提供する超優良企業がたくさん存在しています。中小企業にも面白い仕事ができる会社はいくらもあるということです。

必須となるエンプロイアビリティ

　自律的なキャリア形成には，エンプロイアビリティ（employability）が欠かせません。エンプロイアビリティとは「雇用される能力＝被雇用能力」のことです。企業に雇われて働くという働き方を選ぶのであれば，企業が雇いたいと思うような能力を持っていなければなりません。あるいは，自分で会社を起こしてビジネスをするのであれば，顧客が求めるものを提供する能力を持っている

図9-5 ■ エンプロイアビリティの必要性

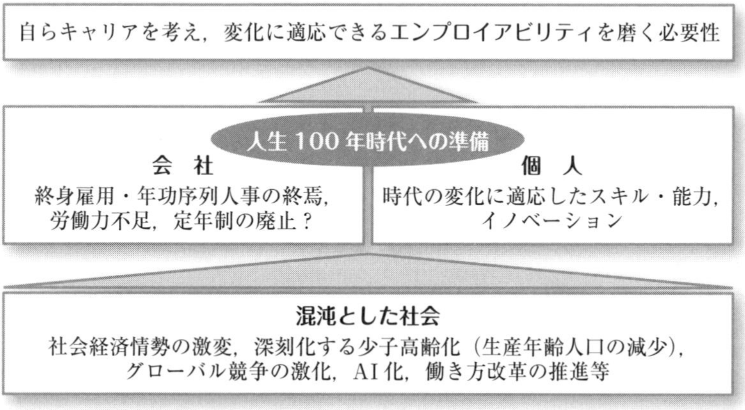

自らキャリアを考え，変化に適応できるエンプロイアビリティを磨く必要性

人生100年時代への準備

会　社
終身雇用・年功序列人事の終焉，
労働力不足，定年制の廃止？

個　人
時代の変化に適応したスキル・能力，
イノベーション

混沌とした社会
社会経済情勢の激変，深刻化する少子高齢化（生産年齢人口の減少），
グローバル競争の激化，AI化，働き方改革の推進等

ことが必要です。

　図 9-5 は，エンプロイアビリティの必要性を図示したものです。詳しくは次の第 4 部の各章で論じますが，グローバル競争の激化や，技術革新による労働の代替，激甚化する自然災害といった社会・環境変化のもとで，会社も変わり，個人も変わろうとしています。こういった変化の時代を生き抜いていくには，常に自分の頭で考え，選択していく能力が求められているのです。

4　生涯「育自」

　高校・大学を卒業して希望する企業に入れば目標達成，「ようやく勉強から解放された！」という思いが強まるかもしれません。ところが，社会に出れば学校以上に高くて厚い壁が次々と立ちはだかり，学び続けざるをえなくなります。

　何歳になっても学ぶことは可能であり，自分を成長させてくれます。これを，生涯「育自」と表現した人がいます（宮城［2002］）。自分というものがある限り，死に至るまで，「育自」に終わりはありません。

　大学を卒業して社会人になっても，知識や技術・技能を学ぶ場所・空間はたくさんあります。エンプロイアビリティを磨くためにも，学び続けることは有効です。エンプロイアビリティを磨くことが職業キャリアの成功につながります。それがライフキャリアの充実にもなることを忘れてはなりません。本当に学びたい人には，チャンスがどんどんやってきます。学（校）歴や社歴は，社会人として最終的な武器にはなりません。どこの大学で学んだかよりも，何を学んだかのほうが大切なのです。

●こんなことも考えてみよう！

▶**1**　前章に続いて，正社員と（派遣社員以外の）非正規社員との働き方や生涯所得の違いなどを比べてみよう。

▶**2**　日本の大企業と中小企業の違いを調べて，メリット・デメリットを整理

してみよう。あなたはどちらで働きたいと思いますか。

●**参考文献**

朝日新聞デジタル（2020 年 7 月 31 日）「日本人の平均寿命，過去最高更新　女性は
　87.45 歳」（https://www.asahi.com/articles/ASN705HBNN70UTFL009.html）。

飯田恵子［2018］「ドイツの育児休業制度と両立支援策」労働政策研究・研修機構ウェ
　ブサイト（https://www.jil.go.jp/foreign/labor_system/2018/12/germany.html）。

金井壽宏［2003］『働くひとのためのキャリア・デザイン』PHP 新書。

グラットン，L. ＝ スコット，A.（池村千秋訳）［2016］『LIFE SHIFT（ライフシフト）
　──100 年時代の人生戦略』東洋経済新報社。

厚生労働省［2019］「平成 30 年度　雇用均等基本調査（速報版）」。

首相官邸ウェブサイト「働き方改革の実現」（https://www.kantei.go.jp/jp/headline/
　ichiokusoukatsuyaku/hatarakikata.html）。

総務省統計局［2019］「統計トピックス No. 119　統計が語る平成のあゆみ」。

内閣府［2018］「平成 30 年版　男女共同参画白書」。

内閣府ウェブサイト「『仕事と生活の調和』推進サイト──ワーク・ライフ・バラン
　スの実現に向けて」（http://wwwa.cao.go.jp/wlb/）。

毎日新聞大阪社会部取材班［2019］『介護殺人──追いつめられた家族の告白』新潮文
　庫。

宮城まり子［2002］『キャリアカウンセリング』駿河台出版社。

第4部
変化に挑む

第**10**章
グローバル人材とは

ねらい

　経営のグローバル化という言葉が毎日のように聞かれます。日本の人口減少が顕著になっている今，国内市場だけを相手にしていては企業の将来はないと考えられています。もともと日本は貿易立国だといわれてきましたが，2019年の GDP（国内総生産）に占める輸出の割合は 15 ％でした。今後，この割合は高まっていくことが予想され，他国との取引はこれまで以上に重要になってきます。それゆえ，国境を越えて活躍できる人材でなければ生き残れないという表現は，あながち間違っているとはいえません。ただ，国民全員が外国語を使いこなして他国との取引をするようになるわけではありません。日本は 1 億人以上の人口を抱える大きな国であり，内需が経済活動の中心であり続けることに変わりはないからです。

　では，グローバル人材とはどのような能力を持った人材なのでしょうか。英語をはじめとした外国語の能力は，たしかに大切です。外国の人とコミュニケーションをとるには，その人が理解できる言語で話す必要があります。英語能力を見るのには TOEIC の点数がしばしば使われます。TOEIC で××点以上なければ就職できないのではないかと疑心暗鬼に陥っている学生も多くいます。

　語学力は，ないよりはあったほうがいいのは事実です。では，語学力があれば外国人とわかり合えるかというと，そう単純ではありません。相手の理解の体系に合わせて言葉を選び，場合によっては適切な説明を加える必要がありま

す。相手の文化を知っていることが、わかり合うための基本になります。

　たとえば、部屋の広さを伝えたいとき、日本人同士なら「6畳くらい」といえば、だいたいわかります。しかし、畳を見たことがない外国人に"six tatamies"といっても、何のことかわかってはもらえないでしょう。メートル法を使っている国の人であれば10平方メートルくらいという表現が適切ですし、アメリカ合衆国のようにヤードポンド法を使っている場合は、約100平方フィートといわなければ伝わりません。

　そこでこの章では、どのようなことができる人をグローバル人材と呼ぶのか、そして、そのような能力を身につけるにはどうすればいいのかを考えます。

1　経営のグローバル化

情報の流通速度と量が増大

　経営のグローバル化とは、企業の活動が1つの国の中にとどまらず、多数の国にまたがって展開されいていくことです。他国から原材料や部品を購入して、自国内で加工し輸出することは、ずっと前から行われてきました。たとえば日本の鉄鋼業は、官営八幡製鐵所ができたころから鉄鉱石を海外から輸入し、国内の製鉄所で加工して鉄材を生産していました。

　第二次世界大戦後にめざましい発展を遂げた自動車産業も、原材料の大半を他国からの輸入に頼ってきました。しかし、複数の国と交易していることを、経営のグローバル化とは表現していませんでした。20世紀の終わりごろまで展開されていたのは国際貿易であって、世界全体を見据えて、最適なモノを最適な場所から調達し、最適な国で生産したりサービスを提供したりするという体制にはなっていなかったからです。

　1989年にベルリンの壁が崩壊し、東西冷戦が終わりを迎えました。また、インターネットの普及とともに、情報の流通速度と量が格段に増えました。いながらにして地球の反対側で起こっている事件を視聴できるようになったのです。しかも、ほとんど無料で情報が手に入るようになっています。CNNが1980年にアメリカ合衆国で設立されたとき、「24時間ニュースを流すテレビ局

が成り立つはずはない」といわれました。ところが同局は，紆余曲折はあった
ものの，今や最も早く世界中のニュースを報道しています。

　日本の在外公館（大使館や領事館）では，テレビの音量を絞って，CNN が常
時流されています。在外公館の重要な任務は邦人保護であり，事件の発生を知
るには，CNN が最も早くて便利だからです。スマートフォンを使えば解像度
の高い映像を誰でも送信できるようになったことも，情報の流通速度と量を増
やすことに貢献しています。

　インターネットで検索すると，ある商品をどの国の企業がいくらで販売して
いるかを知ることができます。九州に本社を置くポンプ製造会社がドイツ人留
学生を採用し，ドイツ語のウェブサイトをつくったところ，ドイツの企業から
問い合わせがあり，まとまった金額の取引になったということです。インター
ネットは，世界中の人々や企業と連絡をとる際に，重要な第一歩になっていま
す。

ヒト・モノ・カネの国境を越えた移動

　人類は，太古の昔から地域間を移動し，交易していました。石器時代の遺跡
を発掘すると，数千キロメートル離れたところでしか産出されない材料でつく
られた石器が発見されるそうです。また，4 世紀後半のゲルマン民族の大移動
など，人類はときどき集団で地域間を移動してきました。集団の大規模な移動
を引き起こす原因の 1 つには，気候変動があるといわれています。近年起こっ
ている中近東やアフリカからヨーロッパを目指す難民の動きも，地球温暖化の
影響で旱魃が起こり，食料が得られなくなったことがきっかけになっていると
いう説があります。

　最近の国境を越えた人の移動を促進している要因にも，先述のインターネッ
トの普及をあげられるでしょう。インターネットによって，世界のどこで人手
不足が発生しているのかを瞬時に知ることができるようになりました。もちろ
ん，国境の壁があるので簡単に移動できない場合もありますが，人々は幾多の
障害を乗り越えて，仕事のある場所，金を稼げる場所へと移っていきます。

　ヒト・モノとともに，国境を越えて激しく動いているのがカネです。現在，
国際通貨と呼ばれるのは，アメリカドル，ユーロ，中国人民元，日本円，イギ

リスポンドです。これら 5 つの通貨は，国際通貨基金（IMF）の特別引出権（SDR）で採用されています。SDR とは，IMF が 1969 年に創設した国際準備資産のことであり，融資を行うときの単位です。IMF 加盟国は出資割合に応じて融資を受ける権利を割り当てられており，国際収支が悪化した場合には自国が持つ SDR を他の加盟国に渡すことで外貨を手に入れられるという仕組みです。

　カネの移動は 24 時間休みなしに起こっています。カネは，より高い利益を求め，地球規模で動き回ります。株式市場はもとより，先物市場や不動産市場など，利益が出そうなところに向かって大金が動いていくのです。カネが動くといっても，実際に紙幣がやりとりされるわけではありません。金融のデータがインターネット回線を通して動き回るのです。この分野でも，インターネットの発達と普及が大きな役割を果たしています。

価値観のぶつかり合い

　ヒトの移動は，価値観のぶつかり合いを引き起こします。価値観とは，何を大切に考えるかの判断基準です。企業経営において，目の前の利益を第一に考える人もいれば，目先の利益よりも 10 年後・20 年後にこの企業が社会の中で一定の役割を果たし続けることを重視して意思決定をする人もいます。両者の決定がたまたま同じ内容になることはないとはいえませんが，通常この 2 つは異なるものになります。

　日本には社歴 100 年以上の会社（いわゆる老舗企業）がたくさんあります。それらの企業の現社長は，異口同音に次のように語ります。「私たちは，本業を大切にしながら，そのときどきの状況に対応してきました。何よりも大切にしてきたのは，お客様との関係です。お客様が求めておられるものを誠実に提供してきました。もちろん，苦しいときもありました。企業の存続が危ぶまれたこともありました。でも，そのようなときに助けてくださったのはお客様でした。目先の利益よりもお客様との長期の関係を大切にしてきた結果として，振り返ってみると，100 年，200 年という歴史を積み上げてくることができたのです」（老舗企業の経営については野村［2018］を参照してください。また本書第 12 章でも老舗企業に言及しています）。

141

　現在，日本の株式市場に上場している会社は約 3700 社です。株式市場に上場すると，資金調達が容易になりますが，同時に出資者である株主に対する責任が発生します。株主の中には，長期的視点に立って経営者の判断の良し悪しを考える人たちがいる反面，今期に利益をたくさん出して配当を増やすことを求めてくる人たちもいます。どちらの圧力が強いかで経営者の意思決定が変わってきます。

　企業の価値を何で測るのかにも，価値観が色濃く反映されます。A 社は，1000 人を雇用しており，当期の利益は 100 億円だとします。他方，B 社は 300 人を雇用して 200 億円の利益を上げているとします。A 社と B 社を比べるとき，従業員 1 人当たりの利益額に注目すれば，B 社のほうが優れているとなりますが，何人の生活を支えているかという基準を置くと，A 社のほうが優れているとなります。A 社は 1000 人を雇うことで，従業員の家族も含めて B 社の 3 倍程度の人々の生活を支えているからです。

紛争の裏には経済問題がある

　価値観のぶつかり合いは，紛争に発展することがあります。中東，アフリカ，南米など，戦闘のない日はないといってもいいくらい，今も世界中で紛争が起こっています。日本のマスメディアでもしばしば，民族間の対立や宗教の違いが紛争の原因として報道されています。しかし，それは原因の一部分でしかありません。紛争の根底には，必ずといっていいほど経済問題があります。

　アフリカではたくさんの紛争が起こっているように見えますが，全土で戦闘が繰り広げられているわけではありません。紛争が発生している場所の多くは，天然資源が産出されるところです。天然資源をめぐって争うとき，大義名分として，民族や宗教が使われるのです。

　筆者（藤村）は，1991 年に始まったユーゴスラビア紛争を経験しました。同年 6 月にスロベニアとクロアチアがユーゴスラビアから独立を宣言したとき，それを阻止しようとしたセルビア人勢力との間で戦争になりました。スロベニアについては大きな戦闘もなく決着しましたが，クロアチアとの間では戦闘状態が長引き，最終的に解決したのは 1998 年でした。

　この紛争は，日本ではもっぱら民族対立の観点から報道されましたが，実際

には海を持たないセルビアがアドリア海の覇権をねらったことが主因でした。アドリア海沿岸は有数の観光地であり，多くの観光客が訪れるため，外貨収入を期待できる場所です。アドリア海という収入源をめぐる戦いがクロアチアとセルビアの戦闘の本質でした。ボスニア・ヘルツェゴビナでの戦闘も，レアメタルを産出する鉱山をめぐる戦いだったといえます。紛争の裏側には経済問題があるという視点で戦争を見ると，日々の報道からはうかがえない事実に気づくことができます。

2 グローバル人材の能力とは

グローバル人材の定義

　2012年6月，内閣府に置かれていたグローバル人材育成推進会議が，最終報告書「グローバル人材育成戦略」を発表しました。この報告書の中に，グローバル人材の定義が次のように書かれています。

> 我が国がこれからのグローバル化した世界の経済・社会の中にあって育成・活用していくべき「グローバル人材」の概念を整理すると，概ね，以下のような要素が含まれるものと考えられる。
> 　要素Ⅰ：語学力・コミュニケーション能力
> 　要素Ⅱ：主体性・積極性，チャレンジ精神，協調性・柔軟性，責任感・使命感
> 　要素Ⅲ：異文化に対する理解と日本人としてのアイデンティティー
> 　このほか，「グローバル人材」に限らずこれからの社会の中核を支える人材に共通して求められる資質としては，幅広い教養と深い専門性，課題発見・解決能力，チームワークと（異質な者の集団をまとめる）リーダーシップ，公共性・倫理観，メディア・リテラシー等を挙げることができる。

　グローバル人材は，語学力だけでなく，さまざまな能力を兼ね備えていることが必要だとされているのです。ともすれば，グローバル人材＝英語の能力が高い人と理解されがちですが，外国語能力は，数ある能力の1つでしかありま

143

せん。

　また，外国語の能力といっても，日常会話のレベルから，1対1での交渉や会議の場で自分の意見を述べて議論する能力まで，幅広いものが含まれます。グローバル人材に求められている語学力は，文化や価値観の異なる人たちと議論ができる能力です。そこには，単なる外国語の知識だけではなく，議論する分野に関する深い洞察や，自分の考えを論理的に組み立てて提示する能力が含まれます。自分の中に語るものを持っていることが大前提になります。

日本人としてのアイデンティティー

　上記・要素Ⅲに，日本人としてのアイデンティティーがあげられていました。アイデンティティーの日本語訳は，個性とか自己同一性となっていますが，人口に膾炙した表現ではありません。そのためか，しばしばカタカナで表記されます。

　では，日本人としてのアイデンティティーとは，具体的に何でしょうか。まず，日本人とは何かを考えなければなりません。一般には日本国籍を持っている人が日本人だといえますが，国籍と民族は別のものというのが国際的な常識です。多くの民族が入り乱れて暮らしているヨーロッパでは，国籍の名称が民族の名称と一致しないことがしばしばあります。

　民族というのは，日本人にとってわかりにくい概念です。バルカン半島のクロアチア共和国には，クロアチア人のほかにハンガリー人，セルビア人，スロベニア人，イタリア人などが暮らしています。国籍はクロアチアですが，民族は必ずしもクロアチア人ではありません。

　では，民族は，どのような基準で誰が決めるのでしょうか。ひと言でいえば，その人がどう考えているかで決まります。国勢調査にも「あなたはどの民族に属していますか」という質問項目があります。その質問にどう答えるかによって，民族名が決まります。宗教や住んでいる地域などではなく，本人がどう考えているかで決まるのです。

　たとえば，こんな実例があります。マケドニア人とクロアチア人のカップルがセルビア共和国に住んでいました。このカップルには2人の子どもがおり，2人ともセルビア共和国で生まれ育ちました。さて，この子どもたちは何民族

になるのでしょうか。国籍はセルビアです。これは紛れがありません。しかし，民族名となると一義的には決められません。彼らのうち，1 人はセルビア人だと考えているのに対して，もう 1 人はクロアチア人だと考えていました。兄弟でも，考え方が異なれば民族名は異なるのです。

日本文化の特徴

　では，日本民族とは何でしょうか。何が日本人としてのアイデンティティーになるのでしょうか。この点については，いろいろな説明が考えられます。1 つは，日本文化の特徴から説き起こす方法です。日本文化は，自然との共生を大切にしてきました。西洋文明では，人間が自然を支配するという考え方が強いのに対して，日本の伝統的な文化は，人間は自然の中に抱かれて存在していると考え，人間が自然を支配するという考え方をとりません。

　あらゆるものに神が宿るという多神教的な考え方も，日本文化の特徴の 1 つです。火の神様や水の神様など「八百万の神々」といわれるように，私たちの周りは神様であふれています。このことが，ものを大切にするという行動につながっています。たとえば，針供養という行事があります。これは，裁縫を生業としている人たちが，折れたり曲がったり，錆びたりした針をとっておいて，年に 1 回，豆腐や蒟蒻といった柔らかいものに刺して感謝の意を表し，同時に裁縫技術の上達を祈願する行事です。道具を丁寧に扱うことは，日本人にとっては当たり前のことですが，西洋文明には見られない特徴です。

　その他，長期の視点でものごとをとらえようとすること，利他の精神，調和を重んじることなども，日本文化の特徴です。また，日本語という言語の持つ特性も，私たちの考え方に影響を与えています。日本語は，ものごとを曖昧にしておくことを許す言語だといわれます。日本語には，白黒をはっきりさせない曖昧な表現がたくさんあります。日本に長く住んで日本語を日常的に使っているアメリカ人が本国に帰って友人と会ったとき，日本人的な話し方をするようになったといわれたいう報告があります。その人は，英語で話しているのですが，考え方が日本語の影響を受けていたそうです（鈴木［2014］には，外国人が日本語を学ぶことによって思考方法や対人関係のとり方が変化した例が，たくさん紹介されています）。

　日本には「道」の付くものがたくさんあります。これも日本文化の特徴です。柔道・剣道・弓道など武芸の分野，茶道・華道・香道など芸術の分野，武士道に代表される行動哲学など，あらゆる分野に「道」があります。「道」とは，ある価値観のもとに体系化された行動規範だと定義されます。そこには崇高なものを追い求める精神があり，高潔・利他・自己犠牲などが包含されています。老舗企業の人たちが自らの行動を律する規範として，商人道という表現を好んで使うことがあります。自社の利益を追い求めるのではなく，社会の繁栄と人々の幸福を実現するために行動すると，結果として自社に利益がもたらされることを大切にしています。

3　異文化コミュニケーション力を高める

外国に行って最も聞かれるのは日本のこと

　外国人と話をしていて一番聞かれるのは日本についてです。日本社会の習慣や年中行事から，経済，政治，文化まで，日本人だから聞いてみたいと外国人が考えるのは日本のことです。外国人の中には，日本文化への造詣が深く，能や歌舞伎に興味を持っている人や仏教を研究している人もいます。そういう人たちに対して，日本人として一定の知識と考えを話せたほうがいいですね。

　そのためには，まず日本語でそういった点について話せるようになることが必要です。母国語で話せないことは外国語では絶対に話せません。外国人とコミュニケーションをとるには，日本についての知識を深める必要があります。私たちが持っている知識は，曖昧な場合が多くあります。改めて「これはどういう意味ですか」とか「なぜこうなっているのですか」と問われると，明確に答えられないことがあるのです。

　たとえば，「日本人は食事のときにどうして箸を使うのですか」と質問されたとします。箸を使ってものを食べるのは，私たちにとってあまりにも当たり前のことなので，答えに窮してします。箸を使っている地域は，日本のほかに，中国，シンガポール，ベトナム，タイ，ラオス，カンボジア，モンゴル，朝鮮半島，台湾などがあります。しかし，箸の形は各国で異なります。それは，料理の仕方や食器，食べ方に違いがあるからです。

　中国や朝鮮半島では，汁物は匙を使って食べ，器を持ち上げることはしません。他方，伝統的な日本食では匙を使わず，器を持ち上げて汁物を食べます。器を持ち上げて食べるのは日本だけだといわれています。日本では木製や漆塗りの食器を使ってきたために，熱い料理が入っていても素手で器を持ち上げることができたからだそうです（より詳しくは一色［1998］を参照）。私たちに豊富な知識があれば，箸という道具に関する質問を発端として，食文化や漆塗りという工芸品の分野にも話題が広がっていきます。ちなみに，漆を英語でいうと japan です。これは，磁器のことを china というのと似ています。

　日本のことを英語で説明できるようになるには，日本について英語で書かれた文献を読むのが最もよい方法です。しかし，少しハードルが高いのも事実でしょう。手始めに，日本について日本語で書かれたものを読むことをお勧めします。『外国人が日本人によく聞く 100 の質問』（秋山・秋山［2009］）や『英語で説明する日本の文化』（植田・上田［2009］）も役に立つと思います。何よりもまず，自分の中に語れるものを蓄えていくことが大切です。

相手が持っている知識の体系に合わせて説明する

　外国人とわかり合うには，相手の持っている文化の体系を知り，それに合わせて日本のことを説明する必要があります。冒頭の「ねらい」で，部屋の広さを説明するとき，畳を見たことのない人に six tatamies といっても通じないと書きました。6 畳の広さの部屋はメートル法でいえば ten square meters です。他方，ヤードポンド法だと one hundred square feet となります。相手が普段使っている概念に合わせて話さないと，わかってもらえないのです。

　この例からわかるように，異文化コミュニケーションは，日本文化と相手の文化の両方を知っていなければ成り立ちません。両方の文化を知るのは並大抵のことではありません。学び続けることが必要です。

　もう 1 つ例をあげましょう。クリスマスと新年の迎え方についてです。キリスト教の世界では，クリスマスは家族の行事であり，神聖なものです。親元から離れて住んでいる人たちは，親元に帰って，家族でクリスマスを祝います。他方，新年は，友人たちとパーティーをしながら迎えるのが一般的です。日本とは逆ですね。筆者は，旧ユーゴスラビアに留学したとき，学生寮に住んでい

ましたが，クリスマス前になるとほとんどの学生が親元に帰ってしまい，がらんとした寮で寂しく12月25日を過ごしました。

　キリスト教国から日本に留学している外国人学生が持っているクリスマスに対する感覚は，日本人とは異なります。日本では，クリスマスのとき，友人同士で集まってパーティーをすることがよくあります。そこにはキリスト教の伝統という感覚はなく，パーティーをして楽しく過ごす行事の1つとして位置づけています。キリスト教国から来た外国人を招く場合，日本人がクリスマスをどのようにとらえているかを十分説明することが必要です。

Column 5 ■ 留学のすすめ

　留学は視野を広げ，日本を客観的に見られるようになる絶好の機会です。日本は，とても便利な社会を実現しています。ずっと日本の中で生活していると，この便利さが当たり前になってしまい，その価値がわからなくなります。たとえば，ドイツには「閉店法」という法律があって，商店の営業時間が規制されています。一般の商店は，平日の午後7時には店を閉めなければいけません。土曜日は午後4時まで開いていますが，日曜や祭日は完全に閉店しています。閉店時間とは，店で働いている人が仕事を終わって帰る時間なので，閉店15分前になると店に入れてくれません。

　日本の旅行者は，「何て不便なんだ」と思いますが，現地の人たちは何の問題もなく生活しています。日本企業の駐在員たちも，最初のうちはこの営業時間に戸惑いますが，そのうちに慣れてきます。むしろ，24時間店が開いていることのほうが異常なのではないかと思うようになります。

　店を開けるには，そこで働いてくれる人が必要です。商店で働いている人にも家族があり，日曜日や祭日は家族と一緒に過ごしたいと思うはずです。その点に配慮すれば，不便かもしれないけれど，休みの日は商店も含めてみんな休もうというルールができてもおかしくありません。それがドイツ人が持っている価値観なのです。

　留学には，とても大きな意味があります。他国の文化や価値観を知るには，その国に行くのが近道です。日本という国の良い面と悪い面は，他国を鏡とすることによって，はじめて見えてくるからです。

4　グローバル人材になるために必要なこと

必要な外国語能力とは

　筆者は留学先で，外国人のためのクロアチア語学習コースに出席しました。ある日の休憩時間に，イタリア人の学生とスペイン人の学生がさかんに話していました。横で聞いていると英語ではありません。そこで2人に聞いてみました。「あなた方は，いったい何語で話しているのですか」。すると，イタリア人女性はイタリア語，スペイン人女性はスペイン語と答えました。「それで話は通じるのですか」と質問すると，「だいたいわかります」という答えが返ってきました。筆者は大きなショックを受けました。なぜなら，私が日本語を話し，相手の外国人がその国の言葉を話してわかり合える言語はないからです。「これがヨーロッパなんだ」と思いました。

　ヨーロッパには多数の言語がありますが，ラテン語系とかゲルマン語系，スラブ語系というグループがあります。同じグループに属する言語であれば，なんとなく何をいっているのかわかるようです。ですから，ヨーロッパの人が「私は4カ国語を話します」といっても，驚かなくなりました。言語学者には叱られそうですが，同じ言語グループに属する言葉は方言だと思えば，そんなにすごいことではないと筆者は考えています。

　日本では，英語の4技能（読む，書く，聞く，話す）を修得することが必要だとされています。しかし，私たちがまず身につけなければならない能力は，外国語の文献を読んで理解する能力と自分の考えを表現する能力だと思います（英語4技能への疑問については，鳥飼・斎藤［2020］に詳しく書かれています）。筆者の経験からいうと，外国語で書くことができれば，少しの訓練で話せるようになります。大手都市銀行に勤務していた筆者の友人がロンドン支店勤務を命じられました。彼は，英語が得意ではありませんでしたが，仕事はよくできる人材でした。ロンドン支店には5人の部下がいて，毎朝，各人に業務指示をしなければなりませんでした。赴任した当初は，翌朝に業務指示をするために毎晩英作文をしていたそうです。ひと月が過ぎ，ふた月目に入ると，前の晩の英作文は必要なくなったといっていました。国が違っても銀行の仕事はほぼ一緒で

あり，1カ月もすれば仕事上の英語には困らなくなったそうです。でも，ずっと慣れなかったのはパーティーでの会話だったと話していました。

自分の中に語るべきものを持っていること

　2015年にノーベル生理学・医学賞を受賞した大村智博士が話される英語は，お世辞にも上手だとはいえません。でも，みんな彼の話に耳を傾けます。それは，彼の話の内容が素晴らしいからです。流暢に話すことよりも何を話すかのほうがはるかに重要であり，人々はその点に価値を見出すのです。

　ある企業の取締役が次のような話をしてくれました。彼は，買収したアメリカ企業の担当で，しばしばアメリカを訪れていました。彼の部下にアメリカで教育を受けた日本人の若手がいたそうです。その若手社員は，アメリカ英語をとても流暢に話すので，貴重な戦力になってくれることを期待して，アメリカ出張に同行させました。しかし，アメリカ人従業員の間で，その若手社員は評判がよくなかったといいます。問題は，その若手社員の仕事に関する知識が不十分だったことでした。仕事のことが十分にわかっていなかったので，アメリカ人から質問されることに答えられなかったのです。

　次のような笑えない話もあります。最近の経営者の中には英語を話す人が多く，国際会議に通訳なしで出席するようになっています。彼らは，ビジネスに関する話題であれば問題なく英語で意思疎通できるのですが，パーティーなどの場で文化の話になるとまったく話せなくなるというのです。自国の歴史や文化についてそれなりのことを話せない人はバカにされ，次の会議には呼ばれなくなります。自分の中に語るべきものを持っていることの重要性が，この例からもわかります。

　語るべきものを蓄積するために最も手ごろな方法は，日本語で本を読むことです。さまざまな分野の本を読んで，自分の知識の幅を広げていくことです。そして，次に必要なのは，自分の中に蓄えたものを発信することです。最初から英語で話すのは難しいでしょうから，まずは日本語で発信する訓練をします。友人に自分の考えを話して，友人の意見を聴き，議論するといいでしょう。話すことを通して自分の意見がまとまりを持ってきます。

外国人との議論を楽しむこと

　コミュニケーションの第一歩は，相手の意見に耳を傾けることです。相手の考えを受けとめ，主張したいことを理解した上で自分の考えを相手に伝えます。すると，相手からその意見に対する反応があります。それを受けとめて，自分の意見を再度述べる——この繰り返しから気づきが生まれ，新しい考えが出てきます。

　議論するには，頭を目一杯回転させて考えなければなりません。とても難しく，疲れる作業です。でも，それを続けていくと，議論することに楽しさを見出せるようになってきます。

　外国人とのコミュニケーションは，共通で持っている情報が少ないので，たくさん説明しなければならないことが出てきます。日本人同士であれば，1から10まで全部話さなくても，6くらいから話し始めれば事足ります。1から5までの事柄については，共通の知識・認識があるからです。しかし，外国人と話すときには，この1から5も含めて話さなければなりません。これまで説明を求められたことのない部分まで説明しなければならないとなると，どうやって話せばいいのか戸惑ってしまいます。ここが外国人とコミュニケーションをとるときの難しさです。

　自分ではわかっていると思っていることについて，改めて説明を求められると，自分の認識が曖昧であることに気づかされます。そうなると，調べ直して，より正確に伝えられるように工夫します。これは，思考力を高める訓練になります。

　世の中で面白いとされることは，通常，難しいことです。たとえば，簡単にゴールに到達できるゲームは，あまり面白くありません。なかなかゴールにたどり着けないゲーム，いろいろな工夫の結果，ようやくゴールに到達できるゲームを，私たちは「面白い」と感じます。難しさを乗り越えた先に面白さがあるのです。外国人と議論することは，なかなか難しい営みです。しかし，その難しさを克服してわかり合えたときの喜びは，何物にも代えがたい価値があります。外国人との議論を楽しむことができるようになってもらいたいと思います。

◯こんなことも考えてみよう！

▶ **1**　あなたが考える「日本人としてのアイデンティティー」を具体的に表現してみよう。

▶ **2**　『日本の感性が世界を変える』（鈴木［2014］）を参考にして，日本語学習者の特徴を整理してみよう。

▶ **3**　『迷える英語好きたちへ』（鳥飼・斎藤［2020］）を読んで，カタカナ英語の問題点を整理してみよう。

◯参考文献

秋山宣夫・秋山キャロル［2009］『外国人が日本人によく聞く 100 の質問——英語で日本について話すための本（全面改訂版）』三修社。

一色八郎［1998］『箸の文化史——世界の箸・日本の箸（新装版）』御茶の水書房。

植田一三・上田敏子［2009］『英語で説明する日本の文化——これ一冊で！日本のことが何でも話せる』語研。

グローバル人材育成推進会議［2012］「グローバル人材育成戦略（グローバル人材育成推進会議 審議まとめ）」。

鈴木孝夫［2014］『日本の感性が世界を変える——言語生態学的文明論』新潮選書。

鳥飼玖美子・斎藤兆史［2020］『迷える英語好きたちへ』インターナショナル新書。

野村進［2018］『千年，働いてきました——老舗企業大国ニッポン』新潮文庫。

第**11**章
仕事の未来を考える

ねらい

　昔，鋳掛屋（いかけや）という職業がありました。鋳造された鍋・釜といった鋳物製品を修理・修繕する仕事です。店を持たず，街中を呼び声とともに歩き回って，修理を請け負っていました。江戸時代から明治，大正にかけては，鍋や釜の品質が悪く，よく穴が開いたりひびが入ったりしたため，鋳掛屋は重宝されました。しかし，昭和になって品質のよい鍋・釜が比較的安い値段で売られるようになると，姿を消していきました。

　大正大学地域構想研究所の中島ゆきが，平成の時代に国勢調査から消えた職業，新たに生まれた職業を整理しています（中島［2018；2019a；2019b］）。技術進歩や生活習慣の変化，価値観の多様化が，職業に大きな影響を与えていることがわかります。

　技術進歩というと，人間がしている仕事が AI（人工知能）に置き換わるという話が必ず出てきます。現在の職業のうち半分近くが AI によって代替されるという予測も出ていますが，本当にそうなるかはわかりません。また，新たな感染症の流行や地震・台風などの自然災害によって，昨日まで当たり前のように通っていた会社が成り立たなくなり，自分の仕事がなくなることもありえます。

　最近では，新型コロナウイルス感染症への恐怖で経済が停滞し，そのあおりを受ける形で企業が倒産したり，労働者のリストラ・一時帰休・賃金カットな

153

どが行われたり，将来に不安を感じる人々が増えました。その一方で，テレワークの普及など，これまでの常識や価値観を一変させる事態が起こっています。

　これからの時代，大企業だから，老舗企業だからといって生き残れる保証はありません。今ある仕事や職種がなくなるかもしれないということを，常に頭の片隅に置いておく必要があります。

　この章は仕事の未来について考えることを目的としていますが，その前提となるのは人々の暮らし方の変化です。ITをめぐる技術革新がもたらす生活の変化，あるいは少子高齢化や人口減少といった社会の変化を併せて考えることが不可欠になります。

---

1 昔あった仕事

こんな時代を超えて今がある

　かつて企業には，和文タイピスト，受付嬢，電話交換手といった，とりわけ女性にとってあこがれの職業がありました。いずれも専門性が求められる仕事でしたが，今はほとんど存在しなくなりました。和文タイピストはパソコンのワープロソフトに，また受付嬢や電話交換手はデジタル機器に取って代わられ，仕事自体がなくなったのです。

　また，かつては，朝出社すると，女性社員が課長や部長にお茶を出し，机を拭いてゴミ箱のゴミを捨てるといった雑用を担当していました。今では想像もできないでしょうし，男女差別と非難されるでしょう。お茶の給仕は，自動給茶機や自動販売機に代わりました。掃除は，外部の業者に委託する企業が増え

和文タイプライター
（写真提供：共同通信社）

ましたが，中小企業などでは社長自らが率先してトイレ掃除をし，社員が分担して社内清掃をするところもあります。資料のコピーやホッチキス留めなども，かつては人の手でやっていましたが，今は全自動のコピー機が，両面印刷・ホッチキス留め・ソートまで完璧にやってくれます。

　こうした変化によって便利になり仕事も効率化されましたが，上述のような仕事も当時は「当たり前にある仕事」だったのです。このことはつまり，今ある仕事が永遠にあるとは限らないことを意味します。しかも，変化はある日突然やってきます。前述の全自動コピー機がよい例です。その機械が導入されることによって，コピー業務をしていた人が必要なくなってしまいます。その人が次にどのような仕事をすればいいのかが，問題になりますね。

アナログからデジタルの世界に

　上述のような仕事の変化は，いずれも，技術進歩による「アナログからデジタルへ」という変化の現れでもあります。デジタルといえば，インターネットは今では当たり前に利用できるサービスですが，そのようになったのは最近20年くらいのことです。マイクロソフトがWindows 95を発売した1990年代半ばごろが，インターネット時代の幕開けだったといえるでしょう。Amazonの設立も同時期でした。家にいながらにして，リアルな店舗に置き切れないほどの多種多様な商品在庫の中から好きなものを選んで購入できるという同社のビジネスモデルも，インターネット抜きには考えられません。

　デジタル分野で一気にイノベーションが進み，「インターネット空間を有効活用して新しいアイデアを具現化すれば，老若男女，組織の規模を問わず『成功』を手にすることができる。世界中のすべての人々にとって『チャンス』の時代になっている」ともいわれます（「働き方の未来2035：一人ひとりが輝くために」懇談会［2016］）。このように現代は，二十数年前と比較して，仕事・職業の選び方に関する選択肢が大きく広がっているともとらえられます。

2　15年先の社会とは

　15年先の社会はどう変わっているでしょうか。具体的にイメージすること

は難しいですが，前節末で述べたようなデジタル技術のイノベーションがさらに加速し，これまで以上に速いスピードで社会の変化が進むことが予想されます。

「働き方の未来2035：一人ひとりが輝くために」懇談会［2016］（以下，「働き方の未来」報告書と表記）は，それら多岐にわたる変化を総合的に検討し，私たちの働き方にどのような影響が及ぶかを考察している点で参考になる報告書です。本節と次節でこの報告書を詳しく見ていきながら，近い将来みなさんが仕事・職業を選ぶヒントになりそうなポイントを紹介します。

少子高齢化社会（超高齢社会）

2035年，世界の人口は現在［2016年：引用者注。［　］部分，以下同様］の73億人から85億人まで増加するのに反して，日本は1.27億人から1.12億人に減少すると予測されている。他方で長寿化が進むため，少子高齢化がさらに進み，現在の26.7％の高齢化率が33.4％まで拡大するとも言われている。

日本では，15～64歳の生産年齢人口と，これからの生産年齢人口を支える0～14歳が減少しています。2010年に8000万人以上（総人口比63.8％）いた生産年齢人口が，2030年には6700万人（同58.1％）と大幅に減っていきます。一方で，65歳以上の高齢者は，総人口が減少する中にあって増え続けています。総人口の減少以上に生産年齢人口が減少することで，老年人口指数（15～64歳層と65歳以上層の比率）は，36.1（2010年）から一気に54.4（2030年）に上昇します。

日本政府は，70歳まで働き続けることが当たり前になる社会の実現を目指しています。第1章で述べたように，65歳以上の人たちの有職率は上昇しています。読者のみなさんは，たくさんの高齢者とともに働く社会に生き，高齢者と役割分担をしながら社会を支えていくことになるということを知っておいてください。

技 術 革 新

　これまでの技術革新の進展を踏まえ，未来社会の技術革新分野のさらなる進展が，以下の通り予想されています。

- モバイル通信速度は 1985 年から 30 年で 10000 倍向上しており，2020 年には 5 G 規格で 10 Gbps 以上になり，2035 年には 100 Gbps を上回ると予想される。世界のほとんどの人々が高速なモバイル通信に接続される。
- 大量のセンサーを（略）活用する社会が到来するといわれている。脳波や匂いなどの生体センサーも医療や他の分野でイノベーションをもたらす。
- 現在，VR［virtual reality：仮想現実］や AR［augmented reality：拡張現実］は実用段階にあり，医療分野，教育分野や設計イメージの共有，商品説明，試着などビジネスの世界でも活用されつつあり，今後はさらに発展（略）するだろう。AR を用いたゲームの熱狂ぶりは，そのインパクトの大きさを物語っている。MR［mixed reality：複合現実］の進化は会議のあり方を大きく変え，（略）テレワークの制約やリアルなコミュニケーションとの区別もつかなくなる。
- 自動運転や最適誘導により渋滞が減少し，移動や物流の生産性は飛躍的に向上するだろう。新幹線，飛行機はさらに高速になり，24 時間対応の HUB 空港と容易にアクセス可能になる。リニアは主要都市間の移動時間を短縮し，住む場所や働く場所の選択肢を拡げるだろう。
- AI［artificial intelligence：人工知能］に対する注目が国内外で高まっており，今後更に産業や雇用，働き方など社会全体に大きな影響を及ぼすことになる。現在の AI はビッグデータの広がりや高速な計算技術を背景として，データに基づく機械学習あるいはディープラーニングと呼ばれる技術が中心になっている。（略）［これらは］実世界におけるイノベーションをもたらすものである。

　いずれにしても，AI 化も含め，機械化は確実に進みます。しかし，人間の

仕事を全部代替するのではなく，ある種の定型業務以外は，人間を支援するために機械が使われるという関係に変わりはないと考えられます。

　一方で，「人間にしかできない新しいタイプの仕事」が出現してくるはずです。人間でなければできない仕事や創造的な業務を見つけることが重要になります。みなさんには，卒業後の就職のみにとらわれることなく，10年・20年先を見据えた「自分らしい働き方」を，大学4年間で模索してもらいたいと思います。

医療・福祉現場の労働環境の改善

　　産業別就業者数の将来予測では，情報通信業，医療・福祉，その他サービスのみが増加と予測されており，その他の産業は軒並み減少となっている。医療・福祉をはじめとして，これから2035年に向けて，最先端技術を活用した効率化，省力化が実現され，付加価値のある新たなサービスが生まれてこなければならない。

　前々項で示したような超高齢社会化で，医療・福祉業界へのニーズが高まることは明白です。上でも述べられている通り，この業界でも効率化・省力化が課題ではありますが，一方，AI化によってすべての労働を代替することが困難な，代表的な職種でもあると思います。

　ところが，この業界の労働条件等は他の業界に比べ見劣りしているため，人手不足が深刻化することは想像にかたくありません。そうした中で，正規社員と非正規社員とのバランスの悪化や，人材の需給のミスマッチ化が起きる可能性が考えられます。優秀な人材を集めるために，給与制度を見直し，有給休暇や産休・育休をとりやすくするなど，働きやすい労働環境づくりは喫緊の課題といえます。

　そして，上の引用文中に示されているような「付加価値」を創出することこそが，みなさんの役割となるでしょう。10〜15年後はみなさんが，企業組織の中で中核人材として活躍している時期です。自分自身のこれからの成長とともに，社会の変化を注視していくことで，医療・福祉分野にも付加価値の高い新たなサービスが生まれる可能性があるのです。

3　大きく変わる働き方

　コロナ危機により，日本のみならず世界中で働き方に大きな変革がもたされました。状況が状況だけに否応なく対応せざるをえなかった面もありますが，この経験により，これまで試行錯誤が重ねられてきた「働き方」のあるべき姿が，より見えてきたともいえそうです。

　前出の「働き方の未来」報告書は，コロナ禍より前にまとめられたものですが，第 2 節で紹介したような社会の変化を踏まえて「2035 年における働き方」が展望されています。おもだった点を引用しながら，以下にまとめてみましょう。

時間や空間にしばられない働き方

　技術革新は働き方に大きな影響を与える。その一つは，働く場所に関する物理的な制約がなくなり，多くの仕事が，いつでもどこでもできるようになる点である。（略）今や情報技術が大きく進展し，異なる空間にいても，ネットを通じてコミュニケーションをすることができるし，共同作業をすることが可能である。（略）こうした流れは 2035 年に向けてさらに進むことになる。（略）工場での作業の（略）ような物理的な作業の大半は 2035 年までにはロボットがこなすようになっているに違いない。（略）2035 年には，各個人が，自分の意思で働く場所と時間を選べる時代，自分のライフスタイルが自分で選べる時代に変化している（略）時間や空間にしばられない働き方への変化をスムーズに行うためには，働いた「時間」だけで報酬を決めるのではない，成果による評価が一段と重要になる。

　ここでいわれているように，「自分のライフスタイルを自分で選べる」ということは，自分でライフキャリアを開発しなければならないことを意味しています。これまでのように，企業・組織に自らのキャリア形成の決定権を委ねる時代が終わったことを自覚する必要があります（第 9 章参照）。「時間や空間にしばられない働き方」は，一見，理想的な働き方に映るかもしれません。しか

し，こうした中では，報酬の評価対象が「労働時間」から「成果」に置き換わることが予想されます。働く側の意識も変わらなくてはなりません。

より充実感が持てる働き方

2035年には，「働く」という活動が，単にお金を得るためではなく，社会への貢献や，周りの人との助け合いや地域との共生，自己の充実感など，多様な目的をもって行動することも包摂する社会になっている。

　誰かを働かせる，誰かに働かされるという関係ではなく，共に支え合い，それぞれが自分の得意なことを発揮でき，生き生きとした活動ができる，どんな人でも活躍の場がある社会を創っていくことになる。自立した個人が自律的に多様なスタイルで「働く」ことが求められる。つまり，「働く」ことの定義，意義が大きく変わる。

　ここでは，仕事を通じた社会と個人のつながりが，より深く多様になることが示唆されています。お金を得るために働かされるといった関係を超えて，自分自身の自立と自律的な働き方の両立を積極的に実現しようとする個人の姿が想定されています。自分は何のために働くのかということを，各個人が考えていかなければなりません（第6章・第7章参照）。それができないと，働かされることに甘んじざるをえなくなるかもしれません。

自由な働き方と企業組織

自立した自由な働き方が増えることで，企業もそうした働き方を緩やかに包摂する柔軟な組織体になることが求められる。（略）物理的に空間と時間を共有することが重要だった時代は，企業はあたかもひとつの国家やコミュニティのような存在になっていた。（略）［しかし］2035年の企業は，極端にいえば，ミッションや目的が明確なプロジェクトの塊となり，多くの人は，プロジェクト期間内はその企業に所属するが，プロジェクトが終了するとともに，別の企業に所属するという形で，人が事業内容の変化に合わせて，柔軟に企業の内外を移動する形になっていく。その結果，企業組織の内と外との垣根は曖昧になり，企業組織が人を抱え込む「正社員」

のようなスタイルは変化を迫られる。（略）「正社員」や「非正規社員」と
区分することは意味を持たなくなる。

　もし，ここに述べられているように企業がプロジェクト型の組織になるなら
ば，働く側も，自らの希望とニーズに応じて，自分が働くプロジェクトを選択
できるようになる可能性があります。まさに，前2項で紹介したような「時間
や空間にしばられない」「自律的な」働き方が，企業との関係においても実現
するのです。このこと自体は，望ましいと思う人が多いのではないでしょうか。
　ただ，いくつか課題も残ります。そもそも自分の希望と能力・スキルを客観
的に理解できている人がどれだけいるのか，そうした中で各プロジェクトとの
マッチングはどのように達成できるのか，といった問題です。また，こうした
働き方に対応できる人材は，ヘッドハンティングの対象になるような一握りの
優秀層に限られるのではないかという疑問も生じます。
　第7章で，「メンバーシップ型雇用」について学びましたが，こうした雇用
スタイルがなくなるかもしれません。多くの仕事がプロジェクト単位になり，
企業組織のコミュニティ機能が弱まってしまってもなお，困ったときに相談し
アドバイスし合える人間関係を構築できるような職場を維持できるのでしょう
か。どうすれば心理的に安心できる労働環境を確保できるのかが問われていま
す。

働く人と企業との関係

　兼業や副業，あるいは複業は当たり前のこととなる。（略）複数の仕事を
することによって，人々はより多様な働く目的を実現することができる。
（略）このような働き方になれば，当然，今とは違って，人は，一つの企
業に「就社」するという意識は希薄になる。専門的な能力を身に着けて，
専門的な仕事をするのが通常になるからだ。どのような専門的な能力を身
に着けたかで，どのような職業に就くかが決まるという，文字通りの意味
での「就職」が実現する。
　ただし，技術革新のスピードが速いことを考えると，専門的な能力は，
環境の変化に合わせて変化させていく必要があり，一つの職業に「就職」

をしても，「転職」は柔軟に行える社会になっている必要がある。

　企業の多様化が進むなかで，（略）これまでのように企業規模が大きいことのみでは働く人のニーズを満たすことはできず，働く人にどれだけのチャンスや自己実現の場を与えるかが評価されるようになる。企業経営者も企業規模を拡大させることよりも，企業の個性を磨き魅力を高め，働く個人から選ばれる企業を目指すことが求められるだろう。

　ここから読み取れるのは，これまで以上に自己研鑽が求められるようになるということです。「就職」するためには，まず専門的な能力を身につけなければなりませんし，しかも，どんどん変わっていく環境の中で常にそれを磨き，あるいは変化させていかなければならないからです。今以上に個人の努力が求められているといえるでしょう。

　その上で，個人が企業を選ぶ視点も変わるべきです。個性や特長のない企業がグローバル競争を生き残ることはできません。大企業ほど安定していて社会的認知度が高いから希望するという人がいますが，大企業，中小企業，零細企業などと，規模で企業価値を判断する時代ではなくなるということを知ってもらいたいと思います（第 9 章参照）。大切なのは，自分自身が「できること」（能力）を 100 ％発揮できる労働環境があるかどうかです。

世界と直接つながる地方

　IT の進展によって，働く場所の制約がなくなると，地方において，豊かな自然を満喫しながら，都市に住むのと同じようにクリエイティブな仕事ができるようになっているだろう。（略）子育て・仕事・介護・趣味などのバランスを取りながら，地域に根差した豊かな人生を送ることも可能になる。（略）また，地方の中核都市や小さな町，村が，直接海外とつながっていくことが，どんどん可能になり，地方の価値を海外に向けて提供していく時代になると考えらえる。つまりローカルといえども，グローバルにつながっていくことができるグローカルの時代になっていくだろう。

　ここで述べられていることも，今まで見てきたような「時間や空間にしばら

れない働き方」の延長線上にあります。IT などの技術革新によって，時間や空間の制約を乗り越えられれば，地方にいることを都市と比べてハンディであるかのようにとらえる必要はなくなります。どこにいても世界とつながることができ，そうした個人がそれぞれに合った形で充実したライフキャリアを送れるはずだからです。

介護や子育てが制約にならない社会

2035 年には働く人が大幅に減少していることから，人手不足が一段と深刻になるに違いない。そうした中で，AI など科学技術の発達による自動化・ロボット化によって，介護や子育て，家事などの負担から働く人が解放されていることが期待される。介護や子育て，家事などのアウトソーシングを可能にする多様な高品質のサービス・ビジネスが広がり，介護や子育てが働くことの制約にならない社会になっていることが重要である。（略）また，働き方の変化や IT の活用により，どこでも仕事ができるので，自然豊かな環境で職住近接かつ保育や介護の施設にも近接した形で働くことが選択できるようになることで，東京一極集中が変化していく可能性もある。

　前項と密接な関係があるのが，介護や子育てが制約にならない働き方をどう実現できるのかという問題です。AI などを利用した技術的な解決のみならず，そうした技術が下支えする新しい働き方が，地方の可能性を掘り起こすことが期待されています。

4　まずは 10 年先の仕事をイメージしよう

　ここまでで，「人と仕事」そして「企業の姿・形」が大きく変わっていくかもしれないことが，理解できたと思います。みなさんは，こうした変化を前提に行動しなければなりません。

　変化を引き起こす要因として，技術革新が広範な影響を及ぼすこともわかったと思います。中でも AI のインパクトは非常に大きなものです。AI の導入は

すでにあらゆる領域において相当な勢いで進んでいます。それを知っている学生からも，よく「将来 AI に取って代わられない職業を選びたい」という相談を受けます。では，AI に取って代わられない仕事とは，どんなものなのでしょうか。

　前出の「働き方の未来」報告書は，AI を，合成知能（大人の AI）と労働機械（子どもの AI）に分け，前者は「広告，マーケティング，教育，金融，医療，法律，人事」，後者は「警備・防犯，農業，物流，建築・土木，調理，掃除」といった領域で変革を起こすとしています。また，表 11-1 のような予測もあります。この表のもとになった試算によると，日本の労働人口の 49 ％が人工知能やロボット等で代替可能になると予想されています。

　堀江・落合［2018］が，AI と経営者について興味深い意見を述べています。それによれば，「経営者の本来あるべき姿は，『組織にビジョンを語ること』と『組織を管理（マネジメント）すること』だが，ビジョンを語り社員をモチベートすることは AI にはできないが組織を管理することは AI の得意領域」だといいます。つまり，一見複雑に見える経営者という仕事にも，AI で代替できる部分があるということです。魅力的なビジョンを示せなければ，経営者であっ

表 11-1 ■ AI 化でなくなる仕事／残る仕事

人工知能やロボット等による代替可能性が高い職業	人工知能やロボット等による代替可能性が低い職業
1　一般事務員	1　経営コンサルタント
2　行政事務員（国）	2　国際協力専門家
3　人事系事務員	3　雑誌編集者
4　自動車組立工	4　大学・短期大学教員
5　タクシー運転者	5　放送記者
6　路線バス運転者	6　旅行会社カウンター係
7　宅配便配達員	7　ケアマネージャー
8　スーパー店員	8　内科医
9　警備員	9　映画監督
10　ビル清掃員	10　ミュージシャン

（出所）　野村総合研究所［2015］。

ても AI に取って代わられてしまう時代が目前に迫っています。

　他方，AI で仕事はなくならないと主張する論者もいます。海老原［2018］は，微妙な手作業や仕事の統合・調整といった，人間の器用さ・臨機応変さすべてが代替できない限り，AI 化には重大な限界があると主張しています。

　要は，人間が持つ特性・強みと AI が持つ能力とが融合することが重要だということです。それでは，「人間が持つ特性・強み」とは何なのでしょうか。これについては，いろいろな考え方があると思います。10 年後になくなる職業／残る職業について議論をしてみると，それぞれの価値観が違うことに気づくかもしれません。周りにいる人たちと次の問いを考えてみてください。

・あなたが，10 年前にはなかったけど「あればいいな」と思ったもので，「今あるもの（職業）」は何ですか。
・反対に，10 年後にはなくなりそうな仕事（職業）は何だと思いますか。
・その仕事（職業）がなくなると思う具体的な理由をあげてください。

　これらの問いには正解も不正解もありません。現時点で人気のある仕事が 10 年後にはなくなってしまうかもしれないことについて，この章で学びました。その一方で，10 年前には想像もできなかった仕事が今，目の前にあります。この現実のいずれにも，必ず原因や背景があるはずです。それを考えた上で，10 年後を予想してみてください。それは，各人の幸せの基準や価値観を考えることでもあるのです。

●こんなことも考えてみよう！

▶1　冒頭の「ねらい」で紹介した中島［2018；2019a；2019b］を読んで，平成時代に消えていった仕事と新たに生まれた仕事を整理し，令和の時代にはどのようなことが起こりそうか，考えてみよう。

▶2　あなたが知っている仕事のうち，10 年後 AI に取って代わられそうなのはどんな仕事でしょうか。あなたの周りで働いている人たち（アルバイ

ト先の社員，家族）の協力も得てリストアップしてみよう。

●参考文献

海老原嗣生［2018］『「AI で仕事がなくなる」論のウソ──この先 15 年の現実的な雇
　用シフト』イースト・プレス。

中島ゆき［2018］「国勢調査から消えた『平成の職業』」大正大学地域構想研究所ウェ
　ブサイト（https://chikouken.org/report/8795/）。

中島ゆき［2019a］「国勢調査より『平成で新たに誕生した職業』前編」大正大学地域
　構想研究所ウェブサイト（https://chikouken.org/report/9065/）。

中島ゆき［2019b］「国勢調査より『平成で新たに誕生した職業』後編」大正大学地域
　構想研究所ウェブサイト（https://chikouken.org/report/9068/）。

野村総合研究所［2015］「日本の労働人口の 49％が人工知能やロボット等で代替可能
　に」。

「働き方の未来 2035：一人ひとりが輝くために」懇談会［2016］「『働き方の未来 2035』
　──一人ひとりが輝くために　報告書」。

藤村博之・戎野淑子・山下充［2016］「大学と企業の教育をつなぐ──産学が連携して
　考える若年層の育成」法政大学大学院職業能力開発研究所。

堀江貴文・落合陽一［2018］『10 年後の仕事図鑑──新たに始まる世界で，君はどう
　生きるか』SB クリエイティブ。

第**12**章
変化対応力を鍛える

ねらい

　キャリアデザインは本来，10〜20年後のキャリアゴールを描き，それに向かって着実にキャリアを積み上げていくことが理想です。しかし現実には，想定外のことが次々と起き，予定通りにいかないことのほうが多いくらいです。

　そもそも人生は想定外の連続であり，常に「変化」が起きています。だからこそ人生には意味があり，面白いといえます。個人の日常ですら，1日が立てた予定通りにいかないことはめずらしくありません。それは悪いことばかりではなく，中には，急に友人から呼び出しがあって出かけてみたところ，思いがけずよい出会いに恵まれる，といったこともあるでしょう。

　社会に目を向けると，平成時代には，事前には思いも寄らなかったような災害や事件が，国内外でたくさん起こりました。アメリカで同時多発テロが発生し，ニューヨークの象徴とされていたワールド・トレード・センターが倒壊して多くの死傷者を出しました。国内では，地下鉄サリン事件が多数の死傷者を出し，バブル経済崩壊と企業不祥事による倒産やリストラが続きました。大震災・津波など，自然の猛威にも振り回されました。これら以外にも，介護疲れから生じた家庭内暴力や，学校・職場での深刻なハラスメントなど，社会環境の変化にも原因があると考えられるようなトラブル・事件が多数発生しました。

　事の大小にかかわらず，私たちの日々の生活が変化の連続であることは間違いありません。とはいえ，自分たちを取り巻く経済・社会が，あまりにも激し

く，しかもスピードを上げて変化していると，不安を感じることがあると思います。だからこそ，変化に対応できる力を身につけ，自らの人生を楽しめるようにしたいものです。変化対応力は，思考や行動を変えることで身につけることが可能です。

　この章では，身の回りに起きる変化にどう気づき，それをいかに受けとめて，対処していけばいいのかを考えます。想定外のできごとや環境変化への対応力が弱いといわれたことがある人もいるかもしれません。この章での学びを機に，変化に気づき，柔軟に対応できる力を高めましょう。

1 明日のことはわからない

キャリアショックの時代

　日本は大地震がいつ起きてもおかしくない地震大国であり，常に心構えが必要です。地震以外にもここ数年，想定を超えた自然災害などが多発しています。加えて，世界を震撼させる新型コロナウイルス感染症など，自身ではコントロールできない事象が続く中で暮らしていかなければなりません。

　今日のような複雑な社会では，不測の事態（リスク）が次々と現実になり，キャリアデザインを阻害する要因となります。これを「キャリアショック」といいます。自分が描いてきたキャリアの将来像が，予期しない環境や状況の変化により，短期間のうちに崩壊してしまうということです（高橋［2006］）。みなさんは今まさに，キャリアショックの時代に生きているといえます。

　「リスク」とは何でしょうか。この言葉について，どんなイメージを持っていますか。リスクとは，「個人的または社会的に好ましくないことが起こる可能性」をいいます。リスクの特徴は，起きるかどうかわからないということです。しかし，起きてしまったときは，その瞬間が「変化」ですから，慌てず冷静かつ柔軟に対処しなくてはなりません。リスクは利益をもたらすこともあります。したがって，時には逃げずに「リスクテイク」して，リスクとうまく共生を図ることも求められます。

キャリアドリフトで流れに身を任せる

　もしかすると，今のような時代には，キャリアをデザインすること自体に無理があり，「流されるキャリア」を考えたほうがいいのかもしれません。「キャリアドリフト」という言葉を聞いたことのある人は少ないと思います。キャリアドリフトは，キャリアデザインの反対語です。キャリアはデザインしなければドリフト，つまり流されてしまいます。キャリアがドリフトするとは，海の中のクラゲのように，潮の流れにあらがわず，流れに身を任せて生きることです。キャリアを漂流するというと，一見，運任せで無責任にも思えますが，人生の節目において「キャリアデザイン」をしておけば，節目と節目の間はむしろ「キャリアドリフト」で流れに身を任せるといいと，金井［2003］は説いています。

　というのも，人生においては，想定していたできごとよりも，むしろ偶発的に起こったことが，一生を左右するようなターニングポイントになる場合が少なくないからです。キャリアドリフトという考え方を知っていれば，こうしたことを肯定的にとらえられます。予想していなかったようなできごとが起こったとしても，それを柔軟に受けとめ，あえて流されてみることで，新しい可能性が見えてくることもあると考えるのです。第 7 章で学んだ「計画的偶発性理論」に通じるものがあります。

　キャリアドリフトにおいては，起こったできごとをどうとらえるかが重要です。ネガティブなできごとも，どう次に活かしていくのかという視点で考えます。ただ，何が起こるかわからないといって，何も考えずに日々ダラダラと過ごしてもいいというものではありません。理想のキャリアを描きつつも，節目以外のタイミングでは，あえて流れに身を任せてみることも有効だという意味です。

　変化は必ず起こります。変化からは逃げようとしても逃げ切れるものではありません。変化には，上手に付き合っていくしかありません。大学において，みなさんは，これから遭遇するであろう変化に対する感度を高め，それらをどう受けとめ，対応していくかを学ぶことが重要です。

ゆでガエル理論に学ぶ，変化に気づく重要性

「ゆでガエル理論」とも呼ばれる，次のような寓話を聞いたことがあるでしょうか。

カエルを熱湯で満たされたビーカーに放り込んでも，その生存率は100％だといわれます。なぜならば，カエルは熱湯に放り込まれるや，その熱さに反応し，ピョンと跳ねてビーカーの外へ飛び出して助かるからです。ところが，常温の水を張ったビーカーにカエルを入れ，ゆっくり熱していくと，そのままゆで上がって死んでしまうといいます。カエルは変温動物のため，ある程度までは水温の上昇に慣れてそれに気づかず，熱湯になっていたときには，神経が麻痺して動けなくなるというのです。

この話は，人間は環境への適応能力が高いためにかえって，ゆっくりと進む環境変化に気づきにくく，気がついたときには手遅れになっているという戒めとして，ビジネスの世界でよく引用されます。みなさんの身の回りにも，これにあてはまるような事例がありそうです。

高校では時間割が決められており，無断で欠席したりすると注意されることがあったと思います。また試験では，原則として答えのある問題を解き，その点数で自分の理解度を把握できました。ところが大学では，自ら履修科目を選択し，主体的に授業を受け，答えのない問題について考え，討論し，自分なりの意見を導き出さなければなりません（第2章参照）。一方で，授業をサボっても，単位を落としても，教師に叱られることはなく，自由です。この自由の空間こそが「ぬるま湯」になりえます。友人と遊び回って，授業にまともに取り組まず，試験対策だけ適当にこなしているうちに，新卒の採用状況が急激に悪化するといった「キャリアショック」が起こってしまうことが十分予想されます。すると，大学での学びに着実に取り組んで力をつけていた学生たちとの激しい競争にさらされたとき，なす術がないということ，すなわち「ゆでガエル」状態になりかねません。

変化に対応するには，まず，変化していることに気づかなければなりません。これまでとは何か違うことに気づかないと，新しい事態に対処する方法を考えることにつながりません。ゆでガエルの話は，変化していることに気づくことの重要性を示しているのです。

2　企業・組織の変化対応力

老舗の多い日本

　代々続いて，今なお繁盛している長寿企業を「老舗」と呼ぶことがあります。じつは日本は企業の長寿大国といわれており，社歴の長い企業が他国に比べて数多く存在しています。2020 年 4 月に，日経 BP コンサルティング（周年事業ラボ）が，「世界の長寿企業ランキング」を発表しました。それによれば，世界の創業 100 年以上の企業のうち，41.3 ％にあたる 3 万 3076 社が日本にあり，2 位のアメリカと比べると，その差は約 17 ポイントあります（表 12-1）。創業200 年以上の企業に絞ると日本の割合がさらに高くなり，その企業数 1340 社は世界の 65 ％にあたり，2 位のアメリカとの差は約 53 ポイントにもなっています（表 12-2）。

　老舗企業を研究した横澤［2012］は，次のように述べています。

　　企業の活躍する場は市場である。変化する市場で，たえず対応できる企業が生き残る。老舗企業はいくつかの時代の荒波を乗り越えてきた。それは，

表 12-1 ■ 創業 100 年以上の企業数と比率

		企業数	比率
1 位	日　本	33,076	41.3 ％
2 位	アメリカ	19,497	24.4 ％
3 位	スウェーデン	13,997	17.5 ％
4 位	ドイツ	4,947	6.2 ％
5 位	イギリス	1,861	2.3 ％
6 位	イタリア	935	1.2 ％
7 位	オーストリア	630	0.8 ％
8 位	カナダ	519	0.6 ％
9 位	オランダ	448	0.6 ％
10 位	フィンランド	428	0.5 ％

（出所）　雨宮［2020］より作成。

表 12-2 ■ 創業 200 年以上の企業数と比率

		企業数	比率
1 位	日　本	1,340	65.0 ％
2 位	アメリカ	239	11.6 ％
3 位	ドイツ	201	9.8 ％
4 位	イギリス	83	4.0 ％
5 位	ロシア	41	2.0 ％
6 位	オーストリア	31	1.5 ％
7 位	オランダ	19	0.9 ％
8 位	ポーランド	17	0.8 ％
9 位	イタリア	16	0.8 ％
10 位	スウェーデン	11	0.5 ％

（出所）　表 12-1 に同じ。

　それぞれの時代の流れにあわせて適応し，変化をしてきたからである。

　この100年を振り返っても，日本には，昭和恐慌やバブル崩壊などの金融・経済危機，太平洋戦争での国土の荒廃，数々の大震災，台風等による大規模洪水など，企業の存続を危うくするできごとがたくさん起こりました。こうした激変のみならず，もっとゆっくりした変化も生じており，100年前と現在を比べれば，社会経済の姿はまったくといっていいほど変わりました。老舗企業は，これらの変化に適応しながら生き残ってきたのです。

　横澤は，老舗企業が長期間にわたって存続することができた理由は，「変わらないもの＝伝統の継承」と「変わるもの＝革新」があったからだと述べています。老舗企業が，時代の激動の中で100年・200年と生き抜いてこられたのは，伝統（本業）をしっかりと継承しつつも，大胆な革新を継続してきたからだというのです。老舗企業といえども，ある時期までの成功に安住してその継承にこだわりすぎると，変化への対応力を失い，衰退してしまいます。しかし一方で，変化し続けるためには，変化しないもの，すなわち「核」となって変化を生み出し続けるものが必要だということを，忘れてはなりません（老舗企業については第10章も参照）。

老舗企業の変化対応の例

　自動車用バックミラーの国内最大手である村上開明堂は，創業1882年の老舗企業です（本項は，野村［2018］と村上開明堂のウェブサイトを参照）。もともと，鋲金具とブリキ細工の製造から始まりましたが，1886年に東海道線の鉄道工事用として手提げ角灯（カンテラ）を受注し，製造販売を開始しました。カンテラの内側には鏡が貼ってあるため，1897年に鏡の自社生産を始めました。カンテラとは，現代の懐中電灯です。乾電池が気軽に使えるようになるまで，暗い道や場所を照らす器具として重宝されました。しかし，乾電池の性能が向上し，価格が下がってくると，カンテラへの需要は減少し，懐中電灯に取って代わられるようになりました。

　このとき，村上開明堂には2つの道がありました。1つは，乾電池を用いた懐中電灯の製造を行うことであり，もう1つは，鏡製造の技術を活かして新し

い分野に出ていくことでした。第二次世界大戦後，村上開明堂が選んだのは後者の道でした。そして，1958 年にトヨタ自動車との取引が始まりました。鏡製造の技術を用いて，自動車用のバックミラーの生産に舵を切ったのです。それが，現在では，国内シェアの約 40 %，世界では 7 %のシェアを有するまでになっています。

　トヨタ自動車との取引が始まったころ，日本の自動車製造企業が国際的な競争力を持つことはまったく予想されていませんでした。むしろ，日本の企業が自動車をつくるのは無理だという雰囲気が支配的でした。当時，世界の自動車生産の中心はアメリカであり，ヨーロッパ諸国です。そのような状況下で，当時の経営者は自動車産業とのかかわりを決断したのです。もし，村上開明堂が鏡製造ではなく懐中電灯の生産を事業の中心に据えていたら，現在はどうなっていたかわかりません。無名の会社として細々と生産を続けていたかもしれませんし，消滅してしまったかもしれません。大きな決断を間違わなかったから，同社は老舗として続いてこられたのだといえます。

身近な企業・セブン–イレブンの変化対応

　もちろん，変化しているのは老舗企業だけではありません。身近なコンビニ業界の大手企業・セブン–イレブンは，自社のウェブサイトで次のような例を紹介しています（セブン–イレブン・ジャパンのウェブサイトを参照）。

　　セブン–イレブンの歴史は，挑戦の歴史です。情報システム・物流体制など，あらゆる面で既存の枠組みにとらわれることなく「変化対応業」として独自の発展を実践してきました。変化対応というのは，決して後追いで時代の変化についていくという意味ではありません。時代を先読みし，世の中の変化を捉えて，商品・サービスで提供していくことです。（略）たとえば，いまや当たり前の光景となった，コンビニに並ぶおにぎりやお弁当。これも私たちの挑戦の結果です。

　同社によれば，おにぎり・お弁当など一般の家庭でもつくれるものはコンビニでは売れないというのが，以前の常識であったといいます。しかし，従来多

くの家事を担っていた女性たちの社会進出が進んだことで，家事に割ける時間が少なくなりました。そこに生じるニーズを察知し，「おにぎり」を商品化し，新たな定番が生まれたということです。

　これは，前述した「市場の変化」の，非常にわかりやすい例だといえるでしょう。ここには，私たちが個人として参考にできる点が多くあります。働く人にとっての「市場」は労働市場です。この市場は今，急速に変化しようとしています。それに対して柔軟に対応できる（時代の流れに合わせて適応し，変化できる）人材でないと，生き残っていくことができません。変化に強い個人になるためには，革新を繰り返してきた企業に見られるような，挑戦するエネルギーが重要になります。

どんな会社も最初は中小企業だった

　第9章でも，大企業と中小企業の比較について述べましたが，ここで改めて質問です。変化に対応しやすいのは，大企業・中小企業のどちらでしょうか。企業の力，風土や体質によっても異なりますが，おそらく中小企業のほうが小回りが利くでしょう。大企業は小さな失敗で倒産することはありませんが，中小企業ではちょっとした失敗が命取りになります。だから，素早く対応することが求められます。

　しかし，上記のセブン−イレブンも，今でこそ大企業ですが，東京豊洲に第1号店を出店した1974年には，店舗数はたったの15店でした。その後，1980年に1000店を達成し，2019年には国内店舗数が約2万1000店となりました。今や日本以外にも17の国・地域に7万店以上の店舗を展開する，世界No.1のチェーンです。

　企業にも人間と同じような成長の過程があります。それは一般的に，①創生期→②発展期→③成熟期→④衰退期→⑤再生期という過程をたどるといわれ，これを企業のライフサイクルと呼びます。就職活動において企業を選ぶとき，規模が大きいとか小さいとか，有名だとか有名でないとかは，企業のライフサイクルにしたがって変わっていくものです。そうしたことよりも，各社の「変化対応力」に注目して，いろいろな企業を見てみるほうが，多くのことを学べるのではないでしょうか。

3 個人の変化対応力

仕事をする上で大切なことは

　社会人になれば，どんな企業・組織で働こうと，仕事で成果を出すことを求められます。そのためには，知識を身につけ，自身のスキルを高める必要がありますが，じつはもっと大切なことがあります。それは，「働く環境に適応すること」です。

　企業・組織は，千差万別です。それぞれに働く人，労働環境，風土・体質が異なります。自分の持ち場・立場で環境に適応し，問題があれば，その都度解決していかなければなりません。どんなに博識で高いスキルを持っていたとしても，個人業績を最優先して，周囲の人たちとよい人間関係を築けなければ，社会では評価されません。本当に困ったときや支援を求めなければならない状態になった際に助けてくれる人がいないと，よい仕事はできないからです。自分の実力への過信は禁物で，周囲への思いやりや謙虚さを忘れないことです。

　自らの能力を最大限に発揮するために大切なのは，意外にも自分の理想にこだわることではなく，まずは相手の話に耳を傾け（傾聴力），それを受容する力と柔軟性を持つことです。その上で，それぞれの環境の中で個人ができることを精一杯やろうとする，適応力が求められます。この「働く環境への適応力」こそが，これからの激動の時代に必要とされています。

変化に気づくことが第一歩

　変化対応力とは，環境の変化に対応する力ですが，なぜこの力が必要なのでしょうか。変化対応力を持っていると，周りの様子を見ながら，最善かつ柔軟な判断を下し，果敢に行動することができるようになります。すると，高いパフォーマンス（能力）を発揮できます。このようにいうとスーパーマンのようなイメージを抱くかもしれませんが，そうではありません。じつは，変化対応力は誰もが持っている普通の能力です。しかしそれは，「総合力のかたまり」ともいうべきものなので，一朝一夕には高められません。日ごろから意識的に取り組む必要があります。

　第 1 節でも述べましたが，そもそも変化に気づくことができなければ対応はできません。まず何よりも，変化を察知する力が必要となります。変化に気づく第一歩は違和感です。なぜだかわからないけれどいつもと違う，どうもしっくりこないという感覚を持ったとき，変化が起こっている可能性が高いと考えられます。

　ある税関職員の体験談です。輸入自動車の通関作業をしているとき，違和感を持ちました。いつも見ている高級車なのですが，今回は何かが違うと思いました。その車を詳細に調べたところ，ドアパネルの裏に大量の麻薬が隠されていたそうです。麻薬のせいでいつもよりも車体が少し沈んでいたため，彼は違和感を持ったのでした。

　変化に気づくには，いつもの状態を知っておくことが必要です。しかも，問題意識を持って観察することが大切です。日本には，「心ここにあらざれば視れども見えず，聴けども聞えず，食えどもその味を知らず」ということわざがあります。心を集中させなければ，真実を見抜くことはできないという意味です。日常目にしているもの，耳にしているものでも，問題意識や目的意識を持たずに接していると，大事な変化を見逃してしまいます。現状をしっかりととらえることが求められています。

変化の原因を探り，方向を見極める

　変化に気づいたら，次に必要な行動は，変化の原因を明らかにすることです。変化に的確に対処するには，なぜそのような変化が起こっているのかという点を見極めなければなりません。変化の原因を見誤ると，対応を間違えてしまうかもしれないからです。

　コンビニエンスストアで買い物をすると，「ポイントカードをお持ちですか」と聞かれます。ポイントカードを差し出すと，購入金額に応じてポイントが付与されます。そして，ある程度ポイントがたまると，それを支払いに使うことができます。得した感じになりますが，じつはポイントカードを通して，お店はさまざまな顧客情報を収集しているのです。

　たとえば，コンビニエンスストアのオーナーが，「最近若い男性の来店が増えたようだが，どうしてかな」という疑問を持ったとします。ポイントカード

によるデータを見ると，たしかに 20 代男性の来店が増えています。その理由を探ってみると，ある会社の独身寮が近くにできたという事実が判明します。それがわかれば，品揃えを変えて，若い男性が好みそうな商品を増やすという対応をとることができます。このオーナーが変化に気づかなければ，データを確かめるという行動に結びつかず，近くに独身寮ができたことも知らないまま，大切なビジネスチャンスを逃してしまったかもしれません。

See-Think-Plan-Do

　「PDCA サイクルを回す」という表現を聞いたことのある人は多いと思います。ビジネスを進めていくために，計画を立て（Plan），実行し（Do），状況を確認し（Check），対応・改善する（Act）という手順を繰り返すという手法です。広く一般に使われていますが，この手法に対する批判も少なくありません。その理由として，①現状分析をしないまま計画が立てられること，②とりあえずやればいいという態度でものごとを進めること，③行動の結果を評価する基準が曖昧であること，④改善に向けた行動が確実に実行されるとは限らないことがあげられます。

　そこで，PDCA に代わって，See（事実を見る）-Think（よく考える）-Plan（計画する）-Do（実行する）という手法が出てきました。Plan の前に See と Think が置かれているのが大きな違いです。まずは現状をしっかり観察し，何が起こっているのかを確認し，問題の原因を見極めた上で計画を立てて実行するという進め方です。まさに，変化に気づいて，その原因を究明し，対策を立てて実行するというやり方です。どの手法をとるにせよ，事実の確認があらゆる行動の大前提になるはずです。

変化を楽しむ

　人間は保守的な動物だといわれます。昨日していたことを今日もやってみてうまくいったなら，あえて変える必要はないと考えるのが普通です。しかし，環境はどんどん変化しています。前章で検討したように，新しい技術が人の労働を代替する可能性が高まっています。昨日と同じことをしていたのでは生き残れなくなるかもしれないのです。

変化するとは，未知の領域に踏み出していくことです。何が起こるかわかりません。だから，不安な気持ちになるのです。しかし，未知の領域には，これまで見えていなかった可能性が存在するかもしれません。人類の歴史は，飢えとの戦いだったといわれます。ごく一部の支配層を除けば，人々が食べるものにあまり不自由しなくなったのは，ここ 60 年くらいのことです。それまでは，いかにして食べ物を確保するかが最大の関心事でした。

今でこそ，日本は世界第 3 位の経済規模を誇っていますが，1950 年代までは貧しい国でした。日本国内では十分な食料が得られなかったため，海外に移住していった日本人がたくさんいました。明治維新後，ハワイへの移民を皮切りに，北米大陸や南米大陸に移住した日本人は約 100 万人にのぼるといわれています（海外移住資料館のウェブサイト）。移民の中には苦労の末に亡くなった人もいますが，成功を収めた人もたくさんいます。成功した人たちは，未知の領域に勇気を持って踏み出したからこそ，日本では得られなかったものを手に入れることができたのです。

学生のみなさんには，大学で学ぶことによって，新しいことに挑戦する力を身につけてもらいたいと思います。変化を恐れるのではなく，変化を楽しむことができれば，無限の可能性が広がります。何が起こっても対応できる能力があれば，AI（人工知能）の普及は怖くないはずです。むしろ，AI が定型的な労働を代替してくれるので，より創造的な仕事に時間を使えるようになるかもしれません。変化を前向きにとらえてもらいたいと思います。

○こんなことも考えてみよう！

▶1　100 年以上の社歴を持つ老舗企業を 1 社取り上げ，どうしてその企業が生き残ってこられたのかを考えてみよう。

▶2　あなた自身が変化に気づけた例を思い出し，どうして変化に気づけたのかを考えてみよう。

▶3　See-Think-Plan-Do の手法を使って，現在あなたが抱えている問題の解決策を考えてみよう。

●参考文献

雨宮健人［2020］「世界の長寿企業ランキング，創業 100 年，200 年の企業数で日本が 1 位」周年事業ラボ――100 年企業の生命力研究ウェブサイト（https://consult.nikk eibp.co.jp/shunenjigyo-labo/survey_data/I1-03/）。

上野治男［2007］『リスクの中に自由あり――市民主役社会におけるリスクマネジメント』東京法令出版。

海外移住資料館ウェブサイト（https://www.jica.go.jp/jomm/outline/index.html）。

金井壽宏［2003］『働くひとのためのキャリア・デザイン』PHP 新書。

セブン-イレブン・ジャパン　ウェブサイト「セブン-イレブンの強み」（https://www.s ej.co.jp/recruit/career/business/index.html）。

高橋俊介［2006］『キャリアショック――どうすればアナタは自分でキャリアを切り開けるのか？』SB 文庫。

野村進［2018］『千年，働いてきました――老舗企業大国ニッポン』新潮文庫。

藤村博之・戎野淑子・山下充［2016］「大学と企業の教育をつなぐ――産学が連携して考える若年層の育成」法政大学大学院職業能力開発研究所。

村上開明堂ウェブサイト「沿革」（https://www.murakami-kaimeido.co.jp/company/his tory.html）。

横澤利昌編著［2012］『老舗企業の研究――100 年企業に学ぶ革新と創造の連続（改訂新版）』生産性出版。

第**13**章
世界の中の日本

ねらい

　私たちの食卓には，さまざまな食材が並んでいます。和朝食の定番である魚の干物，納豆，味噌汁，ご飯，そして洋朝食だと，卵焼き，ウインナー，パン，バター，牛乳，コーヒー，紅茶など，比較的安価でおいしいものを食べることができます。私たちがこれだけの食材を手に入れることができるのは，他国から食料を輸入しているからです。もし，食料輸入が途絶えたとすると，私たちの食卓から多くの食材が姿を消します。私たちの暮らしは，他国との交易によって成り立っているのです。

　日本の食料自給率は，熱量換算（カロリーベース）で38％（2019年）といわれます。単純にいうと，輸入が途絶えると6割の食材がなくなることになります。卵は，ほぼ100％国内生産していますが，飼料の75％が輸入なので，卵も4分の3が姿を消すことになります。

　野菜には旬があります。レタスやアスパラガスは春，キュウリやトマトは夏，ニンジンやサツマイモは秋，ダイコンやホウレンソウは冬など，季節に応じてとれるものが異なります。しかし，スーパーマーケットに行くと，トマトはほぼ一年中買えるし，アスパラガスもいつも売り場に並んでいます。それは，南半球から野菜を輸入しているためです。日本が春なら南半球は秋です。季節が逆になっています。それを利用して日本の商社が，ニュージーランドやオーストラリアで地元の農家に日本向けの野菜の生産を委託しています。

　私たちの生活は，他国との関係を抜きにしては成り立たなくなっています。日本から遠く離れたところで起こった事件が，めぐりめぐって私たちの生活に影響を与えます。この章では，日本と他の国々との関係について考えます。

1 相互依存関係が進む国際社会

航空機に乗って感染症が広がる

　新型コロナウイルス感染症が世界各地で猛威を振るっています。2019 年 12 月に中国の武漢で発見された新型コロナウイルスが，またたく間に世界中に広がっていきました。20 年前であれば，武漢周辺の風土病で終わったかもしれませんが，国境を越えて地球規模で人々が移動している現代社会では，ウイルスはあっという間に世界中に広がります。

　人類の歴史は，感染症との戦いの歴史だったといっても過言ではありません。14 世紀にヨーロッパで猛威を振るったペスト（黒死病）は，正確な統計はありませんが，全世界で 8500 万人，当時のヨーロッパ人口の 3 分の 1 から 3 分の 2 にあたる約 2000 万から 3000 万人前後，イギリスやフランスでは過半数が死亡したと推定されています。

　また 16 世紀には，クリストファー・コロンブスのアメリカ大陸発見によって，多くの人々がアメリカ大陸に渡ったため，コレラ，インフルエンザ，マラリア，麻疹，ペスト，猩紅熱，睡眠病（嗜眠性脳炎），天然痘，結核，腸チフスなどがアメリカ大陸にもたらされ，多くの先住民の命を奪いました。他方，アメリカ大陸からヨーロッパなどにもたらされた感染症として，人獣共通感染症であるシャーガス病，性病として知られる梅毒，イチゴ腫，黄熱があります。

　交通手段が未発達だった時代は，これらの感染症の伝播はゆっくりでしたが，現在のように航空機で自由に移動できるようになると，感染症の広がりも短時間で起こってしまいます。たとえば，新型コロナウイルス感染症に関して，ヨーロッパではイタリアが最初に深刻化しました。イタリアは，中国が進める一帯一路構想への参加を表明しており，中国との交流が活発化していました。多くの中国人がイタリアとの間を往き来していたため，早い時期にイタリアでの

感染拡大が起こったといわれています。

自国でつくっていないものがたくさんある

　新型コロナウイルス感染症が徐々に拡大し始めていたころ，日本国内でマスクが足りない，医療機関で使う防護服が足りないといった事態が起こりました。そういった製品のほとんどを中国から輸入していたため，中国から入ってこなくなると，途端に品薄になったのです。そこで，日本の会社が自社の国内工場で生産を始めようとしましたが，マスクや防護服に使用する不織布は中国製であり，生産しようにも材料が手に入らないことがわかりました。

　このほかにも，中国で生産されている部品の供給が止まったために，さまざまな製品の修理ができなくなるといったことも起こりました（第4章も参照）。たとえば，パソコンのスイッチが壊れて修理に持っていくと「部品がないので，いつ修理できるかわかりません」といわれたり，給湯器が壊れて修理を依頼しても「部品が入ってこないんですよね」といわれたりして，修理に時間がかかったという事例が日本各地で起こりました。中国からの輸入は，2009年に1225億ドルでしたが，2018年には約40％増加して，1735億ドルになっていました。

国際貨物の滞留が起こる

　新型コロナウイルスは，物流の分野にも大きな影響を与えています。国際物流には，船，航空機，鉄道が使われますが，圧倒的に量が多いのが船による輸

世界最大級のコンテナ船（写真提供：株式会社商船三井）

送です。コンテナに荷物を積み込み，そのコンテナを船が運びます。日本の船会社が運行しているコンテナ船で最も大きなものは，長さ約 400 メートル，幅約 60 メートルで約 2 万個のコンテナを積めるといいます。

コンテナ船で運ばれたコンテナは，目的地の港で降ろされ，トラックや鉄道に積み替えられて，さらに先に運ばれていきます。新型コロナウイルス感染症によって，一部の港湾労働者や運送業者が働けなくなったため，陸上でのコンテナ輸送が滞りました。コンテナは，ものを運ぶための箱ですから，通常は中身を降ろしたら次の品物を積んで別の場所に運ばれます。ところが，コンテナの受け取りと荷下ろしが停滞したため，一時的にコンテナが足りなくなりました。

現代社会では，航空貨物も重要な役割を果たしています。精密機器のような，高価で熱や振動に弱いものは，船ではなく航空機で運ばれます。航空貨物は，専用の飛行機（カーゴ）だけでなく旅客機でも運ばれます。航空会社は，効率的な運航を目指しているので，旅客機の荷物室に空きがあれば，そこに貨物を乗せて目的地に向かいます。新型コロナウイルス感染症によって，人の往来が制限されるようになると，旅客便が大幅に削減されました。その結果，旅客機の貨物スペースが使えなくなり，航空貨物の滞留が起こっています。

鉄道によって国際貨物を輸送することは一部で行われています。日本国内の港から船でロシアのウラジオストクに運び，シベリア鉄道に積み替えて，ヨーロッパに輸送するルートです。国土交通省が 2019 年に実施した実証実験によると（国土交通省［2020］），日数は船便の半分しかかかりませんでしたが，コストが船便の倍程度になりました。日本とヨーロッパを結ぶ鉄道輸送は，まだ緒に就いたばかりです。

2　輸入に頼っている日本の食料確保

日本の食料自給率

食料自給率という指標があります。これは，ある国の食料供給に対する国内生産の割合を示す指標です。その示し方については，単純に重量で計算することができる品目別自給率と，食料全体について共通の「ものさし」で単位を揃

えることによって計算する総合食料自給率とがあります。後者は，熱量で換算するカロリーベースと金額で換算する生産額ベースがあります。

　図13-1は，日本の食料自給率の推移を示したものです。生産額ベースとカロリーベースそれぞれについて，食料自給率と食料国産率の変化を見ることができます。食料国産率とは，国内の食料供給全体に占める日本国内で生産された割合です。食料自給率が食料国産率よりも低くなっているのは，国内の畜産物の一部が輸入飼料を用いて生産されているからです。たとえば，日本国内に供給される牛肉のうち42％は国産（カロリーベース）ですが，牛を飼育するのに輸入された飼料を使っているため，純粋に国産飼料だけで育てられた牛に絞ると，牛肉の自給率は11％になります。

　食料自給率は，1965年から2000年にかけて低下傾向にありましたが，21世紀に入ってからはほぼ横ばいで推移してきました。農林水産省の計画では，2030年にカロリーベースの食料自給率を45％にする目標が立てられています。これには，食料安全保障という考え方が基盤になっています。

図13-1 ■ 食料自給率の推移

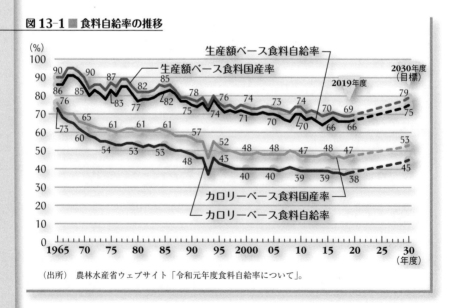

（出所）　農林水産省ウェブサイト「令和元年度食料自給率について」。

食料安全保障

　人間は，食料なしでは生きていけません。世界が平和で，食料生産が安定しており，貿易が普通に行われる状態であれば，私たちは他の国から食料を買うことができます。しかし，食料生産国が災害に見舞われて作物が十分にできなくなると，自国民の食料を確保することが最優先され，他国に供給する余裕がなくなる可能性があります。また，各地で戦争が起こると，輸送の安全が脅かされるため，食料が届かなくなることも起こりえます。

　日本は，カロリーベースの食料自給率が 4 割弱であり，私たちの生活は，食料を輸入することによって成り立っています。近年，気候変動によって食料生産の不安定化が増しており，輸入に頼り続けることには大きなリスクが存在します。「このままでは危ない。食料安全保障の観点からも食料自給率を上げていかなければならない」という考え方が強くなっています。

　国連食糧農業機関（FAO）によると，食料安全保障は，「十分で安全かつ栄養ある食料を，物理的，社会的及び経済的にも入手可能であるときに達成される」と定義されています。日本政府は，1999 年に「食料・農業・農村基本法」を公布・施行し，国内の農業生産の増大を図ることを基本とし，輸入と備蓄を適切に組み合わせることで，食料の安定的な供給を確保することを明確にしました。そして，凶作や輸入の途絶等の不測の事態が生じた場合にも，国民が最低限度必要とする食料の供給を確保するとしています。

不安定化する世界の食料生産と食料価格

　日本は人口減少の局面に入っていますが，世界全体の人口は増加を続けています。人口が増加すると，当然のことながら食料への需要も増えていきます。しかし，気候変動による災害や旱魃，害虫の大量発生などで，世界の食料生産は不安定になっています。食料生産の不安定化は，価格に影響を与えます。

　図 13-2 に，2000 年以降の穀物等の国際価格を示しています。大きく変動していることがわかります。とくに注目する必要があるのは，2008 年に起こった高騰です。世界的には小麦等が豊作だったにもかかわらず，価格が急上昇しました。これは，食料の価格は単純な需給だけでは決まらないことを表しています。

　食料価格は，2006年の暮れから徐々に上がり始めましたが，その背景には，穀物生産国における旱魃や原油価格の上昇がありました。原油価格が上がると，肥料や食料の輸送，ハウス栽培などのコストを上昇させます。それが食料価格を押し上げました。ここまでは，食料への需給バランスでほぼ説明できるのですが，その後の高騰は，需給バランスを超えた力が働いた結果として起こったと考えられています。

　農産物は先物取引が行われています。先物取引とは，将来の一定期日に一定の商品を売買することを約束して，その価格を現時点で決める取引のことであり，現物市場における激しい価格変動リスクを回避する機能を持っています。この先物取引において，農産物への需要が急拡大するという予測が支配的になり，価格の高騰が起こりました。具体的には，先進国におけるトウモロコシ等

図 13-2 ■ 穀物等の国際価格の動向

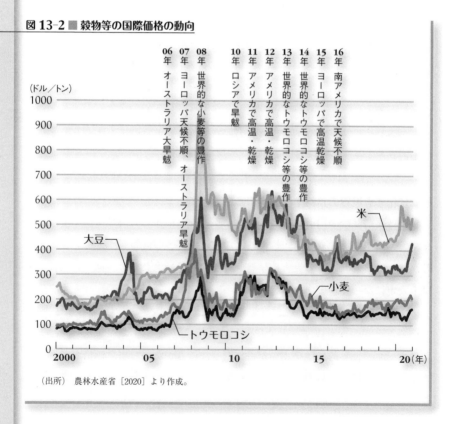

（出所）　農林水産省［2020］より作成。

186

を原料としたバイオ燃料の利用拡大，アジアにおける中産階級の増大とそれによる肉類の需要の拡大，世界の食料備蓄の減少が材料となりました。

　2008 年の高騰は翌年には沈静化しましたが，何かがきっかけになって再び高騰する危険性は常にあります。私たちは，非常に不安定な世界に暮らしているのです。先に述べた食料安全保障の観点からも，価格は高くなるかもしれないけれど，国内生産によって食料自給率を上げていくことは喫緊の課題です。

食品ロスを出さないことも大切

　これまでは，食料供給について考えてきましたが，供給された食料をムダにしないことも重要です。すなわち，食品ロスの削減です。図 13-3 は，2017 年の食品ロスの状況を示したものです。食品ロスとは，本来食べられるのに捨てられてしまう食品のことです。2017 年には，日本全体で約 612 万トン，国民 1 人当たり約 48 キログラムになっていました。

　食品ロスは，その発生源から事業系ロス（328 万トン）と家庭系ロス（284 万トン）に分けられます。事業系食品ロスの発生原因は，食品小売業において賞

図 13-3 ■ 食品ロスの発生量と発生源（2017 年）

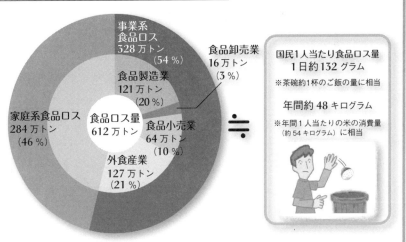

　（出所）　農林水産省ウェブサイト「食品ロスとは」より作成（原資料：総務省人口推計〔平成 29 年 10 月 1 日〕，平成 29 年度食料需給表〔確定値〕）。

味期間の 3 分の 1 を超えたものを入荷しないとか，3 分の 2 を超えたものを販売しないという商習慣が存在したり，外食産業において顧客の食べ残しが発生するといったことがあげられます。他方，家庭系ロスの原因は，買いすぎ，つくりすぎなどによって食べ切れなくなることがあげられます。

食品ロスが発生する背景には，消費者の賞味期限に対する理解不足があるといわれます（井出［2016］10-56 頁）。消費期限は，その日時を過ぎると食品の劣化が急速に進むため，食べるのをやめるべき期限ですが，賞味期限は，おいしく食べられる目安であって，賞味期限を過ぎたら食べられなくなるというものではありません。しかし，消費者が賞味期限を見て購買行動を決めるため，小売店としてはできるだけ賞味期限が先に設定されている商品を販売しようとします。その結果，まだ十分に食べられる状態の食品が店頭に並べられないことになり，結果として廃棄処分になってしまっています。

食べられるのに捨ててしまうことを減らすために，賞味期限に関する消費者の理解を深める活動や，賞味期限の決め方の改定，フードバンクなどを通した有効利用などの取り組みが進んでいます。私たちは，消費者として賢い行動をとる必要があるといえます。

3　エネルギー確保と国際情勢

海外依存度の高いエネルギー

日本が海外からの輸入に依存しているものの 1 つに，エネルギーがあります。資源エネルギー庁が発行している冊子「日本のエネルギー 2019」によると，2017 年度の日本のエネルギー自給率は 9.6 ％で，OECD 35 カ国中 34 位という状況でした。

図 13-4 は，2017 年度の一次エネルギーの供給構成比を示しています。石油 39.0 ％，石炭 25.1 ％，LNG（液化天然ガス）23.4 ％と，化石燃料依存度が 87.4 ％にのぼっています。2020 年に政府が発表した，2050 年までに温室効果ガスの排出を「実質ゼロ」とする方針を実現するには，化石燃料への依存度を下げることが不可欠であり，私たちは約 30 年をかけてエネルギー構成の大転換に取り組まなければなりません。

図 13-4 ■ 日本の一次エネルギー供給構成（2017 年度）

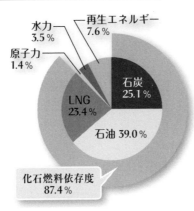

（出所）　資源エネルギー庁［2019］より作成。

図 13-5 ■ 日本の原油輸入先構成比（2018 年）

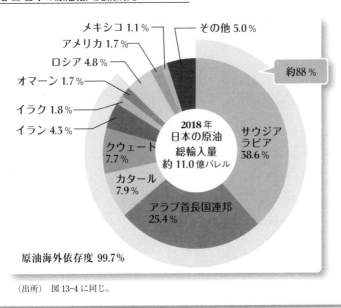

（出所）　図 13-4 に同じ。

　図 13-5 は，原油をどの国から輸入しているかを示しています。原油の海外依存度は 99.7 ％ですが，総輸入量の約 88 ％がサウジアラビアやアラブ首長国連邦などの中東からのものであることがわかります。ペルシャ湾岸諸国から日本に原油を運ぶには，ホルムズ海峡を通る必要があり，日本に来るタンカーの約 8 割がここを経由しているといわれます。

中国による南シナ海の岩礁領有が日本に与える影響

　中東から日本への原油輸送ルートは，南シナ海を通っています。インド洋を航行してきたタンカーは，マラッカ海峡を経由して南シナ海に入りますが，中国が南シナ海の岩礁を補強して島にし，実効支配を始めました。これは明らか

図 13-6 ■ 南シナを海をめぐる中国の動き

（出所）　朝日新聞デジタルより作成。

190

な国際法違反ですが，中国は南シナ海に「九段線」を引いて管轄権を主張しています（図 13-6 参照）。南シナ海は，タンカーの通り道であるだけでなく，日本の製品をヨーロッパ方面に輸出する際の輸送ルートでもあります。

　もし，南シナ海を通れなくなると，日本からインド洋に出るには，フィリピンの東を通り，インドネシアの島の間を通らなければならなくなります。遠回りになるのは明白で，輸送コストが上昇します。また，南シナ海における中国の行動を黙認してしまうと，東シナ海でも同じことをするかもしれないという懸念が生じます。中国は資源を求めて行動しており，東シナ海の海底資源を視野に入れているようです。

　国際交渉は，筋を通して，粘り強く続けていかなければなりません。国際法に違反しており認められないということは，繰り返し主張しなければなりません。日本人は，争いを避ける傾向があります。とくに現代の若者は，他人と対立したくないという志向を持っているように見受けられます。日本国内ではそれもいいかもしれませんが，外交交渉では絶対にとってはならない態度です。日本の国益を守るために，主張すべきことを堂々と主張する訓練をしておかなければならないと思います。

4　国際社会の中で日本が果たす役割

信用されている日本のパスポート

　日本のパスポートは，北朝鮮を除く世界中の国で通用します。外国へ行き入国管理のときに日本のパスポートを見せると，好意的に扱ってくれる国は少なくありません。それは，日本が国際社会の中で大切な役割を果たしてきているからです。自国の利益を最優先にするのではなく，相手国にとっても利益になるように行動してきた結果，日本に対する国際社会の評価が高まってきたのです。

　近江商人の家訓に「三方よし」といわれるものがあります。商取引は，売り手と買い手にとってだけでなく，地域社会にも利益をもたらすものでなければならないという考え方です。現代風にいえば，CSR（企業の社会的責任）です。近江商人は，出身地である琵琶湖周辺の土地から離れて，日本各地で商売をし

ていました。よそ者としてある地域に入ったとき，その地域の人たちに受け入れてもらうことが，商売を成功に導く秘訣でした。地域社会の繁栄を大切にする考え方は，そこから出ています。

国際貢献に積極的にかかわる

　世界には，問題を抱えている国がたくさんあります。財政的な支援によって解決できる問題もありますが，現地に出かけていって，現地の人と一緒に解決に取り組むことが必要とされる問題もあります。国際協力機構（JICA）は，青年海外協力隊やシニア海外協力隊などを組織し，50年以上にわたって，のべ5万人以上を送り出してきました。派遣期間は原則2年となっていますが，短期のものもあります。

　この活動は，派遣先国の支援だけでなく，世界中の人たちに日本という国を知ってもらうきっかけにもなっています。この章で見てきたように，国際的な相互依存関係は年を追うごとに高まってきています。日本が国際社会の中で一定の地位を認められるためには，金銭的な支援もさることながら，問題解決のために現地の人たちと一緒に汗を流すことが求められています。日本社会の安定のためにも，学生のみなさんには積極的に国際貢献にかかわる意識を持ってもらいたいと思います。

○こんなことも考えてみよう！

1　新型コロナウイルス感染症の広がりによって，国際的な物流にどのような変化が起こっているかを調べてみよう。

2　食品ロスの発生を抑えるために，地域社会，企業，消費者はそれぞれどのような行動をとる必要があるのかを考えてみよう。

3　脱炭素社会に向けて，私たちはこれからどのようなことをしていかなければならないかを考えてみよう。

●参考文献

朝日新聞デジタル「南シナ海問題」(https://www.asahi.com/topics/word/南シナ海.ht
　ml)。

井出留美［2016］『賞味期限のウソ——食品ロスはなぜ生まれるのか』幻冬舎新書。

国際協力機構（JICA）青年海外協力隊事務局「JICA 海外協力隊事業概要」。

国土交通省［2020］「令和元（2019）年度シベリア鉄道による貨物輸送パイロット事業
　報告」。

資源エネルギー庁［2019］「日本のエネルギー 2019」。

農林水産省［2020］「海外食料需給レポート（2020 年 12 月）」。

農林水産省ウェブサイト「食品ロスとは」(https://www.maff.go.jp/j/shokusan/recy
　cle/syoku_loss/161227_4.html)。

農林水産省ウェブサイト「令和元年度食料自給率について」(https://www.maff.go.jp/
　j/zyukyu/zikyu_ritu/attach/pdf/012-16.pdf)。

終章
考える力を高める

　これまでの章で，大学生活が自分自身の将来にどうつながるかを考えてきました。大学は勉強だけする場ではありません。部活動やサークル活動などの課外活動も大学生活の大切な要素ですし，アルバイトやボランティアも貴重な経験になります。

　どのような活動をするにせよ，みなさんに身につけたもらいたい能力があります。それは「考える力」です。何をするにも，自分の頭で考えて判断し，行動することが求められます。教師や先輩の指示にしたがって行動することもあるでしょうが，それぞれの行動がどういう意味を持つのかを考えることが大切です。

　サッカー日本代表監督を務めたイビチャ・オシムは，日本にしかできないサッカーを生み出すために，選手たちに考えることを求めたといわれています。監督やコーチの指示を待つのではなく，自分の頭で考えて行動することを常に選手に要求していました（木村 [2008]）。その結果，日本代表チームは，レベルを上げることができました。

　2019 年のラグビーワールドカップで日本チームを率いたジェイミー・ジョセフ ヘッドコーチも，選手たちに考えることを求めていました。プレーの各局面では，それぞれの選手が何をしなければならないのか，各人が判断しなければなりません。普段の練習において考え続けることを習慣化したことで，試

合の中で的確なプレーが生まれ，予選リーグ突破という快挙を成し遂げること
ができました。

　この終章では，考える力を高めるために有効な 3 つの行動を紹介します。
①データベースを構築すること，②文章を書くこと，③議論することです。

---

1 データベースを構築すること

考えるためには言葉が必要だ

　私たちは，言葉を使って考えます。とくに，抽象的なことを考えるには言葉
が必要です。抽象的なこととは，人の気持ちや社会現象の背後にあるさまざま
な事情，思想・信条といったものです。

　1980 年代の初め，筆者（藤村）が西ドイツ（当時）に留学したとき，トルコ
人労働者の子どもたちの言語能力が問題になっていました。ドイツは，1960
年代に深刻な人手不足になり，周辺国から外国人労働者を迎え入れていました。
数が最も多かったのがトルコからの労働者であり，子どもたちはドイツの学校
に通って教育を受けていました。

　トルコ人の子どもたちは，具体的なものがある場合には，トルコ語とドイツ
語のバイリンガルなのですが，抽象的な話になると，とたんに何もいえなくな
るという状況でした。それは，両親の母国語であるトルコ語も，学校で習うド
イツ語も，両方とも中途半端だったからです。抽象的な思考ができないと，賃
金の高い仕事に就くことができず，肉体労働者になるしかありません。貧困の
再生産が問題になっていました。

　私たちは，言葉を使って考えます。考えを深めるには，どの言語でもいいの
で，使いこなせる言葉が 1 つは必要なのです。この本の読者にとっては，日本
語が主たる言語だと思います。まずは，日本語の能力を高め，高度な思考がで
きるようになることが必要です。

語彙力を鍛える

　日本語は，語彙が豊富で，高度なことまで議論できる言語であることは，第

196

1章で述べました。語彙力を鍛えるとは，1つのことを多様な方法で表現できるようになることです。たとえば，悲しい気持ちを表すとき，胸が張り裂けそうだ，心が痛い，胸が締めつけられるなど，いろいろな言い方があります。どれもまったく同じ意味ではありませんが，多くの表現方法を知っていれば，状況に応じて最もふさわしい言い方を選ぶことができます。

　1つの状況を表すのに，2通りの言い方しか知らない場合と，10通りの言い方を知っている場合では，考えの幅に違いが出てきます。2つのことを組み合わせて考えるような場合，両者の差はさらに大きくなります。それぞれについて2通りの言い方を知っている場合は合計4通りになりますが，10通りずつ知っていれば合計100通りになるからです。語彙を増やすことは，思考力を高めることにつながります。

　では，どうすれば語彙力を鍛えることができるのでしょうか。最も手っ取り早い方法は本を読むことです。本にはさまざまな表現が出てきます。使われる言葉も多様です。自分自身の専門分野に限定することなく，いろいろな分野の本を読むことをお勧めします。

データベースの構築

　考えるには材料が必要です。自分の中にどれくらいの材料があるかによって，思考の幅と深さが違ってきます。いろいろな情報を取り込んで，自分の中に豊富なデータベースを構築することが，考える力を高める上で重要になってきます。

　インターネットで検索すればいろいろな情報を得られるので，自分の頭の中に記憶していなくてもいいのではないかという声が聞こえてきそうですが，検索する際にどのような言葉を入れるかによって，検索結果は大きく違ってきます。ましてや，現在の検索エンジンは，使う人の好みに合わせて検索結果が出てくるようになっています。試しに，隣の人と同じ言葉を検索エンジンに入れてみてください。あなたの結果と隣の人の結果は違うはずです。

　インターネットで検索したとき，自分が入れた言葉では探している情報にたどり着けないことがあります。そのようなとき，自分の中にさまざまな情報が蓄積されていれば，別の言葉を入れることができます。とっかえひっかえ言葉

を入れ替えて検索していくと，求める情報に到達できるようになります。

　ただ，気をつけなければならないことがあります。それは，インターネットで検索した結果得られた情報が常に正しいとは限らないことです。ネット上には，不正確な情報や偽の情報も数多く存在します。検索結果を信じてもいいかどうかを判断しなければなりません。そのときに役立つのが，自分の中のデータベースです。この機関が提供しているのだから信用できるだろうとか，この調査の方法は信頼性が置けないからこの情報は採用しないとか，これまで蓄積されている情報を総動員して，検索結果の真偽を判定していきます。

　第2章の表2-1に，「働く際に必要とされる能力」がまとめられていました。この中の「(2) 情報収集・分析・発信力」の「[B] 情報の分析」に，①情報の評価（信頼できる情報か否かの判定）と②情報の価値の評価（何を捨てて何を採用するのか，優劣をつける）があげられていますが，それがこの点に関連しています。考えるために正しい情報を収集することが肝要なのです。

2　文章を書くこと

理解の浅さに気づかされる

　大学では，文章を書く機会がたくさんあります。A4判1ページ程度の短いものから10ページ以上にわたるものまで，さまざまです。文章を書くには，読み手を意識する必要があります。自分が伝えたいことを読み手がどのように受けとめるかを常に考えながら綴らなければなりません。論理的であることはもちろんですが，用いる言葉や事例も相手に伝わるものでなければなりません。

　文章を書いていると，自分の理解の浅さに気づかされます。わかっていると思っていたことが，じつはよくわかっていなかったとか，改めて説明しようとすると的確に説明できないなど，自分自身の至らなさに愕然とします。そこで，改めて資料に当たったり，新たに調べたりします。それが思考を深めることにつながります。

　この本を書くにあたっても，筆者たちは何度も立ち止まって資料を調べました。新たに本を読んだり，論文をチェックしたりしました。それでもまだ，不十分な部分があるかもしれないと思いながらも，この時点で最良のものを提供

しようとしてきました。

ゼロから 1 を生み出す

　文章を書くとは，何もないところから何かを生み出すことです。それは，新しい事業を立ち上げるようなものであり，骨の折れる営みです。文章を構成する部品は，他の人が書いた文献から引用したり，政府機関などが調べた結果を使ったりします。しかし，それらの部品をどう組み立てるかは自分で考えなければなりません。設計図が決まらなくて，逡巡することもあります。

　設計図が決まって作り始めても，細部が気になって調べ直すことが続出して，なかなか終わりが見えない状態になることもあります。しかし，そういったことを 1 つ 1 つ解決して完成にこぎ着けたとき，達成感を得ることができます。

　学生から「研究って面白いですか」と聞かれることがあります。そのときに，筆者は次のような話をしています。

　　ガラスのコップを持ってコンクリートの床の上に立ちます。コップを放すとコップが床に落ちで粉々にくだけます。その光景をビデオに撮って逆回しすると，床に散らばったバラバラのかけらが集まって，スッとコップの形を成します。

　　研究の初期の段階では，バラバラに散らばった部品を眺めている状態です。それらの部品を観察しながら，どう組み立てればいいのか考えます。この時期は，どんなものができるのだろうというワクワク感と，本当に完成できるのだろうかという不安が交錯しています。設計図を描いて作り始めても，不安は消えません。しかし，努力を続けていると，バラバラの部品がスッと集まってコップの形になる瞬間がきます。これは快感であり，これがあるから研究は面白いのです。

練習すればできるようになる

　文才という言葉があります。巧みに文章を組み立てる能力であり，文学作品を書くには不可欠のものです。大学で求められる文章を書く際に，文才についてあまり気にする必要はありません。大学で習得すべきは，自分の考えを相手

に正確に伝える文章が書けることです。的確な言葉を選択し，論理的に組み立てることができていれば，読み手に真意が伝わります。論理的な思考能力が何よりも求められます。

日本の伝統芸能は「型」を大切にします。その分野に入門すると，まず「型」を覚えなければなりません。「型」を十分に習得した人がそれを乗り越えて新しいものを生み出そうとするとき，「型破り」と表現されます。これはよい意味で使われます。他方，「型」を十分に習得していない人がそれを破ろうとすると「型無し」といわれます。これは，悪い意味で使われます。

文章作成にも「型」のようなものがあります。1つの文を短くするとか，接続詞を使わなくても前後関係がわかるように配置するとか，文章の書き方を解説した書籍を読むと，だいたいのことが書いてあります（たとえば，辰濃[1994]）。まずはそれを参考にして，書き始めるといいでしょう。最初から長いものを書こうとするのではなく，はじめは短いものをいくつも書いて，文章を書くことに慣れることが有効です。

文章を書くとは，自分の考えを研ぎ澄ませていくことにほかなりません。考える力を高める上で，とても有効な方法です。

3 議論すること

相手の意見を受けとめる

大学では，議論する機会がたくさんあります。講義でグループ討議をしたり，少人数教育のゼミナールで仲間と意見を戦わせたりします。議論するには，まず，相手の主張を受けとめなければなりません。相手が何をいおうとしているのか，どのような意見を持っているのかを理解した上で，自分の考えを述べます。相手の意見を理解しないままに自分の意見だけ主張するのは議論ではありません。

相手の言い分を理解するには，相手の話を聴きながらメモをとったり，疑問点を書きとめたりすることが必要です。目と耳だけでなく，手も動かしながら，頭をフル回転させる必要があります。なかなか骨の折れる活動です。

相手の意見を受けとめたら，相手の主張のポイントを確かめてみるといいで

すね。「君の意見は，次の３点に集約されると思うけど，それで間違いないか
な」と問い，３つの点を簡潔にまとめて提示します。その上で，自分の意見を
述べていきます。その際，事実と意見を峻別して述べることが求められます。
相手の事実認識が間違っていると感じたら，事実を確認する必要がありますし，
相手の意見に賛同できないのなら，なぜ賛同できないのか，自分はどのように
考えているのかを説明しなければなりません。

議論の効用

　議論は，相手を打ち負かすためにするものではありません。お互いの理解を
深め，新しいものを生み出すために行うのです。自分とは異なる意見を相手が
持っていたとき，なぜ異なるのかを解明していくと，自分が見えていなかった
事実に気づき，認識を改めるきっかけになります。また，議論を通して新しい
ものが生まれてくることがあります。自分の中にぼんやりと存在していたもの
が，明確な形を持って現れることもあります。議論は，新しい気づきへの道標
なのです。

　ディベートという手法があります。ある事柄について，賛成と反対の２つに
分かれて意見を戦わせます。自分が賛成なのか反対なのかにかかわりなく，賛
成チームと反対チームに二分されます。そこでは，いかに相手を打ち負かすか
という意識が強く働き，相手の主張の弱いところを攻撃しようとします。その
結果，勝ったとか負けたという感情が生まれます。ディベートは，議論をする
訓練の一方法として有効ですが，そこから新しい何かが生まれることについて
は期待薄です。

　でも，議論して相手に勝ちたいという感情は，相手以上に勉強しようという
気持ちにつながります。向学心に火がついた状態です。自分が知らないことを
相手が知っていたり，自分が見落としていた点を相手から指摘されたりすると，
「次は何とか彼（女）を上回ってやろう」と考え，勉強します。人には競争心
があり，それが考える力を高めます。揚げ足をとるのではなく，正面からぶつ
かっていくことで思考力が鍛えられ，新しい世界が見えてくるのです。

挑戦することに意味がある

　議論という活動に取り組み始めた当初は，うまくいかないことがよく起こります。相手の主張を十分に汲み取れなかったり，自分の主張がしどろもどろになったり，「こんなんではダメだ」と落ち込むことがあると思います。でも，それでいいのです。最初から上手な人はいません。はじめはみんな失敗するものです。大学は，失敗が許されるところです。うまくできないから大学に来て学ぶといってもいいでしょう。大学時代にどれだけ失敗したかが，卒業後に生きてくると考えてください。

　挑戦するから失敗するのです。失敗を避けるのであれば，挑戦しなければいいのです。でも，それでは進歩がありません。せっかくお金と時間を使って大学教育を受けるのですから，目一杯挑戦して，たくさん失敗してください。失敗することこそが成長の糧になるといえます。

4　やりたいことができるようになるには

できることを増やしていく

　図終-1 は，やりたいこと（will），できること（can），しなければならないこと（must）の関係を表したものです。何かやりたいことがあるのはとてもよいことです。でも，できることが小さいと，やりたいことに届きません。できる

図 終-1 ■「やりたいこと」「できること」「しなければならないこと」の関係

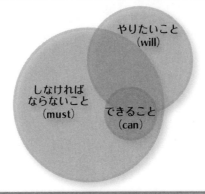

ことを大きくしていくことが必要です。しなければならないことに真摯に取り組んでいくと，できることが徐々に大きくなってやりたいことにつながっていきます。これは，学問にも仕事にも共通していえることです。

　学問においてあるテーマに興味を持ったとき（will），自分の知識が不十分である（can）のが普通です。そこで，自分の知識を増やすために勉強に取り組みます（must）。自分の知識が増えていくと，興味を持ったテーマについて他の学生と議論ができるようになります。

　これは，仕事においても同じです。ある会社に就職して，こういう仕事がしたいと思っても，その仕事に関する知識・経験が不十分だと，いきなりその仕事を任されることはありません。しかし，会社の中には，誰かがしなければならない仕事がたくさんあって，そういった仕事に熱心に取り組んでいくと，できることが大きくなり，自分がやりたい仕事に結びついていきます。だから，採用されてすぐにやりたい仕事に配属されなかったからといって悲観してはいけません。最初の数年は，できることを大きくしていく時期だと考えてください。

与えられた場で最善を尽くす

　大きな可能性がみなさんを待ち受けています。まずは大学の中で，そして大学卒業後は就職した企業や組織の中で，いろいろなことが起こります。その1つ1つを好機ととらえ，果敢に挑戦してください。短期的に見ると自分にとって不利なように見える状況も，時間軸を長くとると有利な状況に変わることがあります。

　中国の故事に，人間万事塞翁が馬というものがあります。人生においては吉凶・禍福が予測できないことのたとえとして使われます。禍福はあざなえる縄のごとしという言い方もあります。私たちには，それぞれ果たすべき役割があります。ある役割が与えられたとき，それが自分の意に添わないものであったとしても，真面目に取り組んでいると，その役割の本当の意味が見えてくるものです。

　これからみなさんが経験していくことに，ムダなものは1つもありません。どんな経験もみなさんの糧になります。場を与えられたとき，そこで最善を尽

くせば，必ず自分に返ってきます。大学生活において，ステキな経験をたくさんしてほしいと思います。

◯こんなことも考えてみよう！

▶**1**　あなたの座右の銘を決め，友人になぜそれを座右の銘にしたのかを話してみよう。

▶**2**　大学教育は役に立たないと主張する人に対して，どう反論することが適切か，友人と一緒に考えてみよう。

▶**3**　「できること」を大きくしていくためにこれから取り組むことを決め，友人と話し合ってみよう。

◯参考文献

木村元彦［2008］『オシムの言葉──フィールドの向こうに人生が見える』集英社文庫。
辰濃和男［1994］『文章の書き方』岩波新書。

あとがき

　本書の基本的な考え方は,「大学がこれまで学生に提供してきた正課教育や課外活動の中にこそキャリア教育がある」というものです。学生のみなさんは,講義やゼミに出席して,卒業に必要な約130単位を取得します。また,クラブやサークルといった課外活動に参加する人もいます。大学内で行われている日々の活動が,働くようになって必要とされる能力の育成にしっかりとつながっていることを示したいという思いで,この本は書かれました。

　大学におけるキャリア教育は,2000年ごろから始まりました。そのきっかけになったのは,1999年12月に文部省(当時)の中央教育審議会が「初等中等教育と高等教育との接続の改善について(答申)」を出したことです。「新規学卒者のフリーター志向が広がり」,「新規学卒者の就職後3年以内の離職」が高い水準になっていることから,「学校教育と職業生活との接続に課題がある」という認識が示されました。そして,「キャリア教育(望ましい職業観・勤労観及び職業に関する知識や技能を身に付けさせるとともに,自己の個性を理解し,主体的に進路を選択する能力・態度を育てる教育)」が必要だとされました。

　キャリア教育の名のもとに行われてきた講義には,興味深いものがたくさんありますが,そこで提供される内容と正課教育で学ぶことの関連づけが十分でなかったという印象を,本書の執筆者たちは持っています。キャリア教育で提供される卒業生や企業の人事担当者の話は,学生たちにとって新鮮で面白く,とても参考になります。ところが,日々の講義に対しては,退屈で,なぜこんなことを学ばなければならないのかと思ってしまうこともあるようです。世間には「大学教育は役に立たない」と言う人たちもいて,大学教育の意味に疑問を持つ学生も出てきます。最大の問題点は,大学での学びと働くようになって必要とされる能力との関係が明確に示されていないことにあります。本書は,この問題に答えを出すことを目指しています。

　本書のもとになったのは,2018年度に法政大学で行われた「キャリアデザイン入門」という講義です。藤村が基本構想を描き,徳山,斎藤,齋藤の3名

との議論を通して，14回の講義を創り上げました。3週ごとに集まり，それぞれが作成した講義資料を持ち寄って，よりよい内容にするように研鑽を重ねました。その意味で，本書の各章は，4人の共同作業の結果であるといえます。

　大学は，いろいろなことにチャレンジできる場です。チャレンジには失敗がつきものです。大学は，失敗してもいい場所です。失敗したら，その原因を解明し工夫して，またチャレンジすればいいのです。本書が学生のみなさんにとって，大学生活を送る上での道標になることを，心から望んでいます。

2021年2月　市ケ谷の研究室にて

藤 村 博 之

索　引

207

考える力を高めるキャリアデザイン入門
——なぜ大学で学ぶのか
Introduction to Career Design: Importance of the Ability to Think

2021 年 4 月 10 日　初版第 1 刷発行
2022 年 12 月 5 日　初版第 3 刷発行

編　　者　　藤　村　博　之
　　　　　　ふじ　むら　ひろ　ゆき

発 行 者　　江　草　貞　治

発 行 所　　株式会社　有　斐　閣
　　　　　　郵便番号　101-0051
　　　　　　東京都千代田区神田神保町 2-17
　　　　　　http://www.yuhikaku.co.jp/

組版・ティオ／印刷・株式会社理想社／製本・牧製本印刷株式会社
Ⓒ2021, Hiroyuki Fujimura. Printed in Japan
落丁・乱丁本はお取替えいたします。
★定価はカバーに表示してあります。
ISBN 978-4-641-16576-2